経理の仕事がどんどん面白くなる本

I ♥ KEIRI

［監修］小笠原 士郎
［著］才木 正之 ＋ 細谷 匡子

税務経理協会

監修のことば

　このたびは,『プロ経理担当者への道』をお買い求めくださり,ありがとうございます。この本が経理というお仕事に対する皆さんの認識とスキルを高め,お役に立つことをこころより願っております。
　ところで,皆さんは経理をどのような仕事としてとらえておられるのでしょうか？……「試算表を作る？」「出納事務をする？」,確かにそうですね。しかし考えてみると,これらは仕事の内容です。目的は何でしょうか？　目的を考えることは,仕事をする上でとても大切なことです。なぜなら,目的をどのように考えるかによって,仕事の深さが違ってくるからです。深さが違ってくると,皆さんの存在価値が違ってきます。単なる事務屋さんなのか,その会社にとってなくてはならぬ中核的な役割をになう人なのか,皆さんの価値が決まっていきます。
　では,経理の仕事の目的は何でしょうか？　私は3つの点からこのことをお話したいと思います。それは, 1. 儲けとお金の残り方のフィードバック, 2. 資産を護る, 3. 業績の原因をつかみ伝えるという3つです。

　1つ目の話は,儲けとお金の残り方のフィードバックということです。フィードバックとは何でしょう？　例えば,あなたがダイエットをしているとします。すると毎日体重計で体重を量るでしょう。……あなたの目標体重が45kgで,今体重を量ると順調に減って47kgだったとします。その場合「あと2kgで目標達成だ！　さらにがんばろう！」という気持ちになるでしょう。……逆に体重が昨日よりも増えていたらどうでしょう？「こりゃまずい！　食事をもっと控えなきゃ」となるでしょう。これがフィードバックです。このように<u>フィードバックにはあなたの行動を変える強い力があります</u>。これがフィードバックの威力です。帳簿をつけて毎月の業績をつかみ経営者・幹部・社員の皆さんに伝えることは,フィードバックなのです。ですからすばやく正確に儲けとお金

の残り方をつかまえることをこころがけてください。そうでなければ，あなたが作る帳簿は表示がくるった体重計とおなじになります。つまり役に立たないどころか，経営の行動をあやまった方向に導いてしまうのです。あなたは1か月の間に起こった売上，仕入，在庫，その結果としての粗利益，経費を正確につかみ，正確な儲け（経営成績）を算出しなければなりません。また会社の資金，債権，資産をもれなくつかみ正確なお金の残り方（財政状態）をつかまなければならないのです。それが使命です。

　2つ目の話は，資産を護ることです。このことについて私にはとても苦い思い出があります。それは今から10年以上も前のことです。税理士である中学校の友達のお父さんが倒れられ，私がある会社の決算を頼まれました。はじめてお伺いするお客様，私は経理部長さんに当たり前のように預金の残高証明書を取っていただくようにお願いしました。……そして1週間後，再び会社を訪問しました……すると，な，なんと，その方は突然亡くなってしまわれていたのです！（絶句）　なぜ？……実は，その方は会社の定期預金4,000万円を着服してしまわれていて，それが発覚することを恐れ，命に代えて生命保険金で弁償されたのでした。（茫然）……言葉も出ません。……私が経理部長さんを殺したのでしょうか？　いや断じて私は税理士として当然のことをお願いしただけです。……そのとき言いようのない怒りがこみ上げてきました！「この会社の社長さんは何をしていたのか！？」

　その体験から私が強く思うことは，
『チェック制度の不備から，会社の財産を損なってはならない！　罪人を作ってはならない！』ということです。

　会社は世の中にお役立ちを提供して，わが社に集まるご縁のある人たちの暮らしを護り幸せを創造するためにあります。その役割をまっとうするために，会社は存続しつづけなければなりません。倒産とは，お金がなくなってもうこれ以上借りられなくなり支払いができなくなることをいいます。反対にお金が

増えつづける限り，会社は倒産から遠ざかることになります。ですから，会社はお金を増やしつづけなければなりません。その成果は，自己資本の充実＝自己資本比率で測ります。<u>自己資本は，経営者，社員にとって命の飲み水の貯水池</u>だといえます。そして経理はその貯水池の管理人なのです。大切な命の飲み水を護るために，貯水池の堤防に穴があいて水が漏れないように常に見張りを怠ることのないようにしておかなければなりません。せっかく貯めたお金を管理の不行届きから失わないように，貯金，売掛金，在庫をしっかりと見張り，儲けをうまない不要なものを買わないように見張るのです。それは皆さんの仕事なのです。

　3つ目のお話は，業績の原因をつかみ伝えることです。皆さんの努力に水を指すようですが，実は経理の数字は過去の結果でしかありません。これは経理という技術の致命的な弱点です。したがって儲けとお金を計算するだけでは，経営者，幹部，社員の皆さんに，的確な経営の意思決定に役立つ情報を提供することはできません。傾向，予測，比較を示し，細分化された情報，そして何よりも私たちの活動の質と量に関する情報を提供することが必要なのです。なぜならば経営活動における社員の業務品質が業績を決めるからです。そのためには，わが社はどのようなプロセスでお客様に製品やサービスを提供し，売上をあげているのかという流れを理解し，その場所々々での社員の活動ぶりを，数値化し，つかみ，フィードバックしなければなりません。私は，そうした業績資料を『経営のコックピット』と名づけています。そしてお客様とスタッフに，必ずコックピットを作るようにお願いしています。

　世に「『原因』と『結果』の法則」というものがあります。それは，<u>私の行動が，私の周囲の環境を創っている</u>という法則です。私の行動のよしあしをつかまえ，それを高めていかなければ，高い業績をあげることはできません。なぜなら，そうして自分の行動を変える以外に自分ができることはないからです。皆さん以外にそうした観点から経営をとらえ，数字をまとめられる人はいないでしょう。皆さんが貢献できることです。

以上3つ，儲けとお金の残り方のフィードバック，資産を護る，業績の原因をつかみ伝えることを仕事の目的としてしっかり見定め，経理業務をしていってください。それが，かのピーター・ドラッカーがいう，あなたの組織に対する真の貢献なのです。

　さて，本書はこうした貢献に皆さんを導く，ワンランク上の意識でなすべき経理の業務について書かれています。本書の著者，才木正之と細谷匡子の両君は，弊所の幹部スタッフです。2人とも学校を卒業して，すぐに私の事務所に入所し，お客様企業の経理と経営の改善に取り組んできました。そして私もともに学び，考え，試みてきてうまくいった方法を皆さんに伝えたいという思いで執筆しました。こうした著書を皆さんに提供することができる，すばらしい両君と仕事ができることは，実に私の誇りとするところです。

　本書が，皆さんのお仕事の改善，仕事の切れ味や深みを増すことにお役に立てれば，これに勝る喜びはありません。皆さんのさらなるご精進をこころより願っております。

　　平成25年6月吉日
　　　　　　　　　　　　税理士法人小笠原事務所　代表社員　小笠原士郎

はじめに

　この本を手にしてくださったあなたは，いったいどのような方でしょうか。
　経理部に配属されたばかりの新人経理担当者の方？
　実務を数年してきたけれど，このままでいいのか少し悩みつつある経理担当者の方？　あるいは経理部が忙しそうにしているのを気になさっている管理者・トップの方？　あるいは経理部以外の担当部署で経理に少し興味を持たれたり，もしくは経理知識を身につけざるを得ない立場になられた方など，色々な立場の方であるかもしれません。

　いずれにしても，この本を手に取っていただき，ありがとうございます。

　「経理」の仕事はどこの会社にも存在します。
　しかし，その仕事の進め方はその会社ごとに，あるいは経理担当者の方ごとに少しずつ異なっていたりします。その理由としては，経理部が担っている役割は，とにかくお金と数字の計算をして，その結果（決算書）を出しさえすれば良いと思われているからです。本当にそうなのでしょうか？

　本書では，経理部が会社にとってどんなに重要な役割を担っているのか，そしてその役割を担うためにどのような業務の効率化ができるのかについて，私たちがクライアントとともに取り組んできた実例を交えて書かせていただきました。

　新人経理担当者の方のみならず，これまで経理をされてきた方，他部署のビジネスパーソンのみなさん，管理者・トップの方々，それぞれの立場できっとお役に立つものと思います。
　第1章，5章，6章，9章そして10章を才木正之が担当し，第2章，3章，4

章,7章そして8章を細谷匡子が担当し執筆させていただきました。

　読者のみなさんが,本書を通じて,「経理業務の改善に取り組みたい!!」「経理のプロになりたい!!」という気持ちになっていただければ,著者としてこれにすぎる喜びはありません。ぜひとも実務に利用してみてください。
　みなさんが誇りを持って,「経理」の仕事に取り組んでいただけることを確信しています。

　平成25年6月

才木正之・細谷匡子

【目　次】

監修のことば
はじめに

1　経理担当者は事務屋ではない！

1-1　経理部のお客様は誰？……………………………………………… 2
1-2　会社の財産を守ろう！……………………………………………… 3
1-3　受け身の経理ではなく攻めの経理でいこう！…………………… 3
1-4　日々完璧主義で会社の見本となろう！…………………………… 4
1-5　あなたの仕事のレベルチェック…………………………………… 5

2　経理の流れを大きくつかんでスケジュール計画のプロになろう！

2-1　年間スケジュールで部門連携強化………………………………… 9
2-2　月間スケジュールで初動遅れを撲滅！………………………… 12
2-3　週間スケジュールで余裕の確保………………………………… 18

3　現金出納業務の効率アップとチェック強化

3-1　現金出納業務とは？……………………………………………… 21
3-2　現金は扱わない！………………………………………………… 29
3-3　仮払金のルール徹底で管理風土を高めよう！………………… 32

4　預金出納業務の効率アップとチェック強化

- 4-1　「普通預金」と「当座預金」の違いは？ ……………………… 36
- 4-2　預金管理が資金繰りの基本 ……………………………………… 37
- 4-3　預金口座が増えるとお金もかかり仕事も増える！ ………… 40
- 4-4　支払日はできる限り少なく！ …………………………………… 42
- 4-5　支払いはやはり銀行振込で！ …………………………………… 43
- 4-6　インターネットバンキングで経理業務改善 ………………… 48

5　売掛金管理業務の効率アップとチェック強化

- 5-1　請求書の鑑は会社の顔 …………………………………………… 53
- 5-2　売掛金回収業務の手順 …………………………………………… 54
- 5-3　回収違算確認作業はお客様との関係性を強化する ………… 57
- 5-4　売掛金，受取手形も立派な財産！！　守り抜くための基礎知識 …… 60
- 5-5　営業マンの教育係は経理部だ！ ………………………………… 62
- 5-6　回収会議で営業活動を読み取る ………………………………… 66

6　買掛金管理業務の効率アップとチェック強化

- 6-1　合理的な買掛金管理の条件 ……………………………………… 72
- 6-2　買掛金管理手順 …………………………………………………… 77
  - 実際の事例1　月商5,000万円の建築資材卸売業の事例 ………… 81
  - 実際の事例2　月商1億円の玩具商材卸売業の事例 ……………… 82

7　「金庫」「はんこ」「領収書」管理で不正防止

- 7-1　誰も教えてくれない「金庫」の管理方法 …………………… 87

7-2 誰も教えてくれない「はんこ」の管理方法……………………… 88
7-3 誰も教えてくれない「領収書」の管理方法……………………… 93

8 毎月決算予測するための月次決算活用法

8-1 役に立つ帳簿と役に立たない帳簿………………………………… 98
8-2 固定費がわかれば，必要売上がわかる………………………… 105
8-3 やはり在庫金額の把握が必要！………………………………… 109
8-4 毎月の決算予測をして，社長と対話しよう！！……………… 112

9 経理業務改善のポイント！

9-1 成果の90％は10％の活動から生まれている！……………… 115
9-2 時間の使い方が成果を決める…………………………………… 116
9-3 成果を出すための行動！
　　その第一歩を時間管理からスタートしよう！………………… 118
9-4 時間管理の手順…………………………………………………… 119
9-5 ドラッカー教授の金言「汝の時間を知れ！」………………… 120

10 経理のプロになろう！

10-1 役に立つ，効果があがる資料作りができる………………… 133
　A社の事例　未来予測制度導入秘話…………………………… 145
　B社の事例　翌月営業目標達成できる営業マンの条件……… 148
10-2 過去と他人は変えられない！　未来と自分の行動を変えよう！…… 152

11 会計事務所の活用法！

① ネットワークの情報源として …………………………………… 156
② 専門家として ……………………………………………………… 158
③ 徹底的に質問する。 ……………………………………………… 160

補 どうして確定決算期は忙しいの？？

あとがき ……………………………………………………………… 169

1 経理担当者は事務屋ではない！

人材派遣業経理担当者Aさんとの会話

【Aさん】 経理の仕事って，最初は面白いと思って取り組んできましたが，もう5年を過ぎて少しマンネリ気味です。どのように考えるとモチベーションが上がるのでしょうか？

【 私 】 そうですか？ 5年で基本業務をマスターされるとはすごいですね。

【Aさん】 最初はまず，きちんとした資料を作ること，正しい処理をすることに努めてきました。そこで，経理部の本来の目的って何だろう？ と考えるようになりました。

【 私 】 素晴らしい気付きですね！ 経理部の目的って何でしょうか？ 一緒に考えてみましょう！

1-1 経理部のお客様は誰？

　経理部のお客様は誰なのでしょうか？　経理部は何を目的として存在しているのでしょうか？　あなたは答えることができますか？　この質問はとても重要です。なぜなら，この答えこそが日々の仕事の取組みの源になるからです。

　では，経理部のお客様は誰でしょうか？　まず，あなたの会社のお客様ですね。居酒屋であれば入店してくださるお客様，食材卸売業であれば商品を購入してくださるお客様，そして仕入先の方々含めわが社に出入りされる方々すべてがお客様。

　また，社内にもお客様がいます。社長はじめ役員，営業部，業務部等々あなたが作成した資料，整理した資料を見て経営の意思決定をされる方々はすべてお客様です。もうひとつ言いますと，経理部の上司の方もお客様で，上司に『なるほど！』と言っていただける仕事ができるということはとても重要です。

　したがって，つまりあなたのお客様が常に何を求めているのか？　どうすれば満足を超えて感動していただけるのかを観察しなければいけません。なぜなら，**経理部はサービス部門ともいえるからです！**

　経理部は書類を正しく，素早く作成するために存在するのではありません。お客様に感動を与えるために存在しているのです。ですから，まず常にお客様を観察しましょう。お客様の感動を呼び起こすためには何をしなければいけないのかを考え，それを実務に落とし込み実践することが経理部の使命であると私は思います。実際に，『あの会社の経理部はすごいね』と言われる経理部を分析してみると，共通点があります。

　1．元気がよく愛想がよい！

2．毎年資料が改定されている！
3．関連部署に言うときはビシッと言う！

1-2 会社の財産を守ろう！

　会社には，たくさんの財産があります。お金，材料，商品，受取手形，建物，車等の固定資産まで。これらは貸借対照表に表示されている資産ですが，それ以外に経理処理では経費算入されている消耗品や事務用品も立派な会社の財産です。それらを**会社の財産として守り抜く姿勢**が経理部には求められています。

　守り抜く対象は，『モノ』です。上記の通り，売掛債権・棚卸資産（商品，製品，仕掛品，材料）・固定資産ですが，その『モノ』を管理しているのはすべて『人』です。債権であれば，営業マン。棚卸資産であれば，営業マン・倉庫管理者・業務部等々の人々，固定資産については，その使用者です。実際は，それぞれの部署で管理していただいているわけですが，それだけではチェックが甘くなります！　債権管理がおろそかであれば，貸倒れが起こりますし不正も起こりえます。また棚卸資産でも，管理不足によるゴミ化や商品横流しによる横領にも発展しかねません。このような，事故や不正を起こさせないための管理機能としても経理部は存在するのです。できるだけデータ化して，異常点を素早く発見し，関連部署の長に連絡するという姿勢が求められます。

1-3 受け身の経理ではなく攻めの経理でいこう！

　先ほど述べましたが，素晴らしい経理部の共通点３つ目についてです。
『関連部署に言うときはビシッと言う！』
　私が拝見している限り，経理部の方は数字や資料チェックには厳しいけれど

人には優しい方が相対的に多いと感じます。実際に，経理担当者の方々のセミナーでお話をお聞きしていると，

『営業部長にお願いしても聞いてくれないんです……』

『言っても反論されて終わりです……』

という声をよく聞きます。

『どのような時に，そう思うのですか？』とお聞きすると，

『仮払金の精算が期限を過ぎて遅いのでお願いするときです』と言います。ルール違反を起こしているのは明らかに営業部長さんですね。このときは，毅然とした態度で，『営業部長！　部長がルール違反をされていては，部下へのしめしがつきません。早急に提出していただき，今後期限内での提出をお願いします』と言わなければいけません。

1-4　日々完璧主義で会社の見本となろう！

　攻めの経理が成立する条件は，経理部が社内で一目置かれている存在である必要があります。もちろん経理という専門知識で立派に会社に貢献されていますが，コンプライアンスや仕事のマナーという点でも会社の見本となっていただきたいのです。

　経理という仕事は，同じ仕事の連続が多いです。しかしその仕事の処理についても見本となって欲しいのです。仕事の処理につきましては，森信三先生の『修身教授録』に次のように記載されています。

「仕事の処理をもって，自分の修養の第一義だと深く自覚することでしょう。

この根本の自覚がなくて，仕事を単なる雑務だなと考えている程度では，とうてい真の仕事の処理はできないでしょう。(中略) そもそも，仕事の処理について実際あれこれと気が散って，自分がなさなければならない眼前の仕事を後回しにしているような人間は，仮に才子ではあるとしても，真に深く人生を生きる人とはいえないでしょう」

　仕事を後回しにせず，会社の中で信頼され見本となる存在を目指しましょう。

1-5　あなたの仕事のレベルチェック

各項目にチェックマークを入れてみてください。

質　問　項　目	きちんとしている	少ししている	していない
あなたは常に，仕事に誠実に正しい判断基準を持って，ルールの番人であろうと努めていますか？			
あなたは現場，得意先，仕入先，銀行や株主などの利害関係者の方々の話をよく聴いていますか？			
あなたは自ら，期限を設定して仕事にのぞみ，その期限を厳守していますか？			
あなたは自分の仕事の範囲内で，会社の異常や変化があればその原因を考え，いつでも上司に報告連絡できるようにしていますか？			
あなたは営業や仕入，在庫管理，製造，貿易など各他部門の業務についてのチェック機能として役割を果たしていますか？			

あなたは日頃から経営や資金調達，税制他の法律改正，経費の節減策などに関しての情報収集に努力していますか？			
絶えず仕事を改善し，時間がかからなくなる方法を考えて上司または会社へ提案していますか？			
あなたは上司，他部門責任者などに説明するとき，相手が理解できるように相手の立場で話し，資料を作っていますか？			
相手の動きを待つ受け身の姿勢ではなく，こちらから積極的に働きかけていく能動的な姿勢で仕事を行っていますか？			
あなたは日々新しい知識，ものの見方考え方などを学び続けていますか？			
きちんとしている＝10点，少ししている＝5点，していない＝0点で，得点を計算してください。	総合点		点

さて，何点獲得できましたでしょうか？

できていると思われる部分はさらに強化してのばしてください。

また，できていないところは，なぜできていないのか？　その原因を見つめ直しましょう。

これからのスキルアップのヒントになると思います。

2 経理の流れを大きくつかんでスケジュール計画のプロになろう！

【Aさん】 経理担当になったものの、日々上司にこれお願い…と言われながら、仕事をしているので、これが「経理の仕事」なのか、それとも単なる雑用なのか…どこまでが「経理の仕事」なのかよくわからないんです。いったい、経理の仕事ってなんですか？

【 私 】 そうですねぇ。経理の仕事といっても、中小企業の場合、その範囲はかなり広くなるでしょうね。大きな企業の場合は、経理部門とは別に総務部門などがあったりしますが、中小企業の場合は経理部門がそれらすべてを担当していたりしますから…。
　　　簡単に言うと、経理部門はお金と数字を扱う部門で、総務部門は人やモノやルールを扱う部門というところでしょうか。

【Aさん】 そんなにたくさんのことを経理はしないといけないんですね。それじゃあ、毎日残業になるはずです。本当にいつも大変なんです。

【 私 】 いえいえ、仕事はたくさんあるかもしれませんが、実はほとんどが毎月同じことの繰り返しだったりするので、しっかりスケジュールを組むことで、早く帰れるようになりますよ。
　　　それでは、経理の仕事とそのスケジュールについて見ていきましょう。

経理というと，どのような仕事が思い浮かびますか？

　経理の仕事といえば，入金や支払いといったお金の管理をしたり，伝票を書き仕訳処理をして財務諸表を作ったりという業務イメージが強いかもしれません。しかし，考えてみてください。会社が色々な経営資源（ヒト，モノ，カネ，情報）をつかって活動し，その結果として利益が出ているのかどうか，会社の財政状態は健全なのかどうかなどを判定するには数字が必要です。そして，その活動を数値化し，記録することが出来るのは経理しかありません。したがって，経理は会社の意思決定に必要な情報を発信し，提供する素晴らしい役割を担っているのです！

　会社の規模にもよりますが，経理の仕事と一口にいっても，会社の取引を数値化し業績報告する，税務申告処理をする，資金などの財産管理をする，会社の将来に役立つ数値を作成し管理するなど，実はとてもたくさんの仕事があります。そして，それらほとんどの仕事が，期限までに処理できていなかったり，タイミングがずれたりすると，会社に大きな影響を与えて多大な損害を与えかねないことになってしまいます。だから経理の仕事をタイムリーに処理するには，計画的にしかも効率よく進めなければなりません。
　そこで経理のプロになるためには，「年間」「月間」「週間」単位で経理の仕事や業務の流れを大きくつかみ，業務に漏れのないよう，スケジュール管理を徹底していかなければなりません。

スケジュール管理の勘どころ
(1) 経理関係の仕事には期限がつきもの。**期限厳守のこと！！**
(2) 1ヶ月の仕事の日程表を前月末に作り，ホワイトボード日程表などを使って，社員全員が分かるようにしておく。（**仕事の見える化**）
(3) 毎日の朝礼で，今日やることや業務の締め切りなど，社員全員に知らせ，徹底する。（**仕事の共有化**）

【経理の主な仕事】

分類	内容	業務
業績管理	日々の会社活動を，各種伝票を通じて数値化し，決算書など業績を把握することのできる各種帳票類を作成する	・月次決算 ・原価計算 ・確定決算 　　　　　　　　　など
財産管理	日々の出納業務はもちろん，資金，棚卸資産，固定資産，売掛金，買掛金，借入金など重要な会社財産の管理を行う	・資金繰り表作成 ・実地棚卸 ・債権管理 　　　　　　　　　など
情報発信	経営計画はもとより，経営戦略会議や営業会議，製造会議などの各種会議に利用する数値資料は経理からの情報によって作成されるので，各種情報発信作業を行う	・経営分析資料 ・予算作成 ・予実管理 ・各種会議用数値資料 　　　　　　　　　など
税務処理	各種税金関係の申告や納付を行う	・法人税等申告／納付 ・消費税申告／納付 ・償却資産税申告 ・法定調書／合計票提出 　　　　　　　　　など

2-1　年間スケジュールで部門連携強化

　会社は設立してから廃業するまで，永遠に企業活動を行い続けます。しかし，その活動がうまく行われているのかどうかを判定するには，一定期間に区切ってその状況を確認しなければわかりません。

　だから，会計期間（事業年度，会計年度）というものがあります。この会計期間は1年以内であれば，半年でも3か月でもいいのですが，決算業務など

色々な面で煩雑なことが多いので，ほとんどの会社が1年単位で区切っています。そして経理の仕事は，この1年の仕事を基本として回っています。そこで，まず経理の1年間（一会計期間）の仕事を見ていきましょう。

　経理には次ページにあるように毎月期限のある様々な仕事があります。しかしその中でも重要なものは，やはり確定決算業務です。
　確定決算業務とは，1年間の会社の活動業績を決算書にまとめ，株主総会への報告書作成や，法人税などの税務申告書作成および納付業務のことです。そしてこの確定決算業務は事業年度終了後2か月以内（特例として3か月以内）に終了しなければなりません。
　確定決算業務によって作成された決算書は，社内で利用されるだけでなく，株主への報告資料，税務署への申告添付資料，金融機関や得意先などへの報告資料というように，外部へ開示されることになります。
　したがって，経理部門にとっては期限内に仕上げなければならないばかりか，数字への責任という点でも正確性が要求されます。そのため事業の全ての取引がもれなく経理部門へ情報として届いているかどうかが問題となります。全ての取引ということは，経理部門のみならず他部門からの情報が必要です。つまり，確定決算業務は経理部門が単独で行う仕事ではなく，他部門の人たちの協力があってこそ，期限内に，そして正確に行えるので，全社的に取り組むべき仕事であるといえます。
　したがって経理は，自分たちだけが決算の意味を理解するだけでなく，全社員に対して確定決算の目的やその意義・重要性を理解してもらい，自分たちが立てたスケジュール通りに仕事を進めていくためにも，各部門に協力を仰いで，確定決算業務を連携して進めていかなければなりません。

【経理の主な年間業務】（3月決算法人例） ※一部総務の仕事も含む

		業　務
1月	経理・管理・税務	償却資産税申告
	給与・源泉・住民税税務・社会／労働保険	給与前年度書類整理保管／給与新年度ファイル作成／法定調書・合計票提出／給与支払報告書提出／源泉税・住民税納付
2月	経理・管理・税務	決算予測／翌期予算作成／消費税第3期予定（中間）納税申告・納付
	給与・源泉・住民税税務・社会／労働保険	源泉税・住民税納付
3月	経理・管理・税務	確定決算／翌期予算決定
	給与・源泉・住民税税務・社会／労働保険	昇給・昇格　査定／源泉税・住民税納付
4月	経理・管理・税務	経理前期書類整理保管／経理新年度ファイル作成
	給与・源泉・住民税税務・社会／労働保険	昇給・昇格実施／源泉税・住民税納付
5月	経理・管理・税務	定時株主総会／株式配当支払／役員変更登記／法人税等確定申告・納付／消費税確定申告・納付／事業所税確定申告／納付
	給与・源泉・住民税税務・社会／労働保険	住民税改定通知／源泉税・住民税納付
6月	給与・源泉・住民税税務・社会／労働保険	住民税改定／配当源泉税納付／源泉税・住民税納付／労働保険確定申告
7月	給与・源泉・住民税税務・社会／労働保険	夏期賞与／社保賞与支給届／源泉税・住民税納付／算定基礎届／標準報酬随時改定
8月	経理・管理・税務	消費税第1期予定（中間）申告・納付
	給与・源泉・住民税税務・社会／労働保険	源泉税・住民税納付
9月	経理・管理・税務	中間決算
	給与・源泉・住民税税務・社会／労働保険	源泉税・住民税納付
10月	給与・源泉・住民税税務・社会／労働保険	標準報酬定期決定／源泉税・住民税納付

11月	経理・管理・税務	法人税等予定（中間）申告・納付／消費税第2期予定（中間）申告・納税
	給与・源泉・住民税税務・社会／労働保険	扶養控除申告書配布／源泉税・住民税納付
12月	給与・源泉・住民税税務・社会／労働保険	冬期賞与／年末調整／社保賞与支給届／源泉税・住民税納付

2-2 月間スケジュールで初動遅れを撲滅！

　経理の仕事は，基本的に毎月同じ仕事の繰り返しです。ですから，毎月の業務内容や各種締切日，その業務にかかる時間を大体把握することができます。
　いつまでに何をしておけばいいかなど，月間スケジュールを立てておきましょう！

【経理の1か月の仕事】

業　務	原 始 記 録	業 務 内 容
売上高確定 売掛金管理	納品書控え 得意先別請求書控え 得意先元帳 売掛金集計表 領収書綴り 　　　　　　　など	・会社ごとに違う請求書締め日に合わせて，納品書控えから得意先ごとに請求明細を作り，請求書を発送する ・請求金額を得意先元帳に記入する ・得意先元帳から請求金額を売掛金集計表に記入する ・売掛金入金をチェックし，違算があれば報告する

仕入高確定 買掛金管理	納品書 請求書 仕入先元帳 買掛金集計表 振込依頼書控え など	・納品書と発注控えが一致しているか確認する ・納品書から仕入元帳に仕入ごとに記入する ・仕入先元帳から請求金額を買掛金集計表に記入し，請求書と照合し，違算内容を確認する ・支払一覧表を作成する
経費処理	現金出納帳 証憑書綴り 未払金集計表 経費請求書綴り 当座照合表 など	・証憑書綴りに領収書を貼付し，月単位で証憑書番号の連番を取りまとめる ・源泉納付領収書や住民税領収書，社会保険料領収書は他とは別に綴じる ・各経費支払先の請求書を未払金集計表に記入する ・支払一覧表を作成する ・当座照合表等から預金自動引落経費のチェックをする
給与支払	勤怠表，給与台帳 など	・勤怠チェックをし，給与計算，支払処理をする
帳簿の整理 帳簿締切	仕訳帳 月次試算表 補助元帳 など	・各帳簿はそれぞれ帳簿ごとにまとめて綴じる ・資産，負債の科目ごとの明細を補助元帳でチェックする ・月次試算表をもとに月次決算書を作成する

月次での仕事のメインは，

① **帳簿の締切業務**

ほとんどの会社が請求書の作成や支払い（⇔入金），給与の支払いを月単位で行うので，帳簿を1か月で区切って締め切り，その月の試算表を作成します。なお，請求の締め日は会社ごとに「15日締め」「20日締め」「末日締め」など異なっており，自分の会社の締め日はもちろん，得意先や仕入先などの締め日もしっかりと把握しておかなければなりません。

② 売上請求業務

　営業部門が行う会社もありますが，経理が行う会社もたくさんあります。経理は，帳簿を締める日が近づくと，得意先ごとに納品書控えから請求明細を作成し，請求書を発送します。そして，得意先はこの請求書に基づいて入金します。しかし，もしも得意先の締め日を把握しておらず，**この請求書が先方の締め日に間に合わなくてタイミングがずれると入金が１か月遅れてしまうこと**になります。このように入金が遅れると，**会社の資金繰りに大きな影響を与えて**しまいます。締め日の把握と期限の厳守は，経理として必ず守らなければならない事項です。売上請求業務処理日はスケジュールに必ず記載しておきましょう。

　また，締め日とともに得意先の回収条件もしっかりと把握しておく必要があります。それは得意先がいつ支払ってくるのか（支払日はいつか？），現金や振込，小切手あるいは手形で支払ってくるのか（支払い方法は何か？），手形サイトは何日かなど知っておかなければ資金繰り予想がつきません。そのためにも，得意先の回収条件一覧表を作成し，スケジュールに回収日や手形決済日も記入して，必ず確認するようにしておきましょう。

③ 仕入や経費の支払業務

　一般的に自分の会社主導でその条件が決まります。経理として，取引先別にしっかりと納品書を確認し，その請求内容に誤りがないかどうかを照合チェックした上で，間違いなく支払いを行うことです。支払いは債務履行なので，会社経営上，ルールに則って決済しなければ，信用問題になります。したがって，支払日に間違いなく支払いをするためにも，仕入先などへ請求書到着日を徹底してもらうようにスケジュール管理をしましょう。

　給与関係業務は，総務部門が行う会社もありますが，中小企業の多くが経理部門で総務業務を兼務しています。給与については，給与の締め日や支払日に気をつけましょう。社員から信頼を損なわないよう計算に間違いがないか細心の注意を払わなければなりません。給与計算日は休日等に気をつけてスケジュ

2 経理の流れを大きくつかんでスケジュール計画のプロになろう！

ールにしっかり記入しておきましょう。

　このように①②③と月次で帳簿を締めきると総勘定元帳ができあがり，勘定残高が集計されて月次の試算表ができあがります。しかし経理にとって月次の試算表を作成するのが最終目的ではありません。月次の試算表を作成するのは，仕訳や転記ミスはないか，支払い漏れがないか，入金漏れがないかなどということをチェックするためだけにおこなうのではありません。1か月間の経営成績や財政状態を確認するためにおこないます。それが月次決算です。したがって，月次決算は経理が経営幹部へ経営活動に利用できる情報として提供するために行っています。経営活動に利用するということは，出来る限り早期に仕上げなければ，情報としての意味がありません。経理は，自分たちが作成し提供する月次決算情報が経営活動に必要なのだという自覚をもって，早期に月次決算が仕上がる仕組みを作らなければなりません。そのためにも，月間スケジュールを作成してしっかりと仕事を進めていきましょう。

　なお，経理の仕事は大体同じ仕事の繰り返しではありますが，月によってはイレギュラーな仕事もあります。毎月年間スケジュールで当月の業務を確認し，イレギュラーの仕事も月間スケジュールに組みこんで，漏れのないようにスケジュール管理していきましょう。

【経理 月間予定表】(標準)

日	曜日	営業日数	行事等	現金出納	月次決算	資金管理	売掛金	買掛金	在庫	給与	総務・その他	処理予定
1	月	1	銀行口座残高チェック			残高チェック	末日集金承認					
2	火	2										
3	水	3										
4	木	4	納品書・請求書締日	小口現金〆切								
5	金	5		小口現金支払	小口入力		5日集金→入金 売掛入力→チェック 連算表作成→チェック					
6	土											
7	日											
8	月	6	仕入・在庫集計確定				5日集金承認	仕入請求〆切→入力完了	在庫／仕掛品在庫集計完了	社保異動承認		
9	火	7						支払予定表チェック				
10	水	8	各種帳票(売掛・買掛等)出力完了				10日集金→入金 売掛入力→チェック 連算表作成→チェック	社長承認				
11	木	9		小口現金〆切	月末整理仕訳入力		10日集金承認					
12	金	10	小口現金チェック	小口現金支払	小口入力							
13	土											
14	日											

2　経理の流れを大きくつかんでスケジュール計画のプロになろう！

日付	曜日	営業日	銀行口座残高チェック／資金繰表作成	小口現金〆切／支払	残高チェック／資金繰表作成	15日集→入金／売掛入力→チェック／連算表作成→チェック	仕入CAMS入力	出勤簿集計／給与内容承認／決済・押印	源泉税納付書作成／源泉税支払
15	月	11	銀行口座残高チェック／資金繰表作成						
16	火	12	給与計算、支払資金移動、源泉納付書作成、給与ファイル		資金移動・押印	15日集承認		出勤簿集計／給与内容承認・決済・押印	源泉税納付書作成／源泉税支払
17	水	13		小口現金〆切					
18	木	14		小口現金支払					
19	金	15	月次試算表作成→報告		月次決算承認				
20	土								
21	日								
22	月	16	買掛金・未払金支払			20日集→入金／売掛入力→チェック／連算表作成→チェック			買掛金支払
23	火	17				20日集承認			
24	水	18						給与袋東京送付	
25	木	19	給与支給日			25日集→入金／売掛入力→チェック／連算表作成→チェック		給与袋堺工場送付	
26	金	20	小口現金チェック	小口現金支払		25日集承認		給与袋配布	給与支給日
27	土								
28	日								
29	月	21				末日集→入金／売掛入力→チェック／連算表作成→チェック	実地棚卸	業務改善進捗状況打合せ	
30	火	22							

2-3 週間スケジュールで余裕の確保

　経理の毎日の仕事は，すべての取引の伝票仕訳，総勘定元帳への転記，補助元帳の管理だけでなく，現預金の出納・残高確認，小切手や手形の発行，など種々雑多です。

　他部門の人からお願いされる仕事もたくさんあります。本当に急いでいるのかどうかもわからず，これを急いでお願いと頼まれるとすぐしなければ…となることも多いと思います。人は，目の前に見えている仕事から手をつけていく傾向があります。もちろん，それも期限内に仕上げるために必要なことですが，そうしてしまうと本来すべき仕事に手が回らず，せっかく年間スケジュール，月間スケジュールを作ったにもかかわらず，気づけば期限が目の前ということも多々あります。

　仕事には優先順位があります。また仕事は一人で仕上げることができるものと，決済を受けたり，確認をしたりなど一人では仕上げることができないものもあります。

　例えば，社長の長期出張がきまっていて，出発前にどうしても決済していただかなければならない書類があったとします。しかも，社長は出張前で忙しく，確認していただく日が限定されていて，どうしてもスケジュール上，この日には仕上げておかなければと自分自身が思っていても，それに関わる部門の人が書類を確認してくれなくて，最後まで仕上げることができないということもあります。

　そのようなことが起きないように，毎週末に翌週にすべき仕事を確認し，それらの仕事に影響のある人のスケジュールを確認した上で，仕事の週間スケジュールを作成して，日々の仕事に活かしましょう。

★電子納税を利用していますか？　～ダイレクト納付がお薦め！！～

　毎月同じ時期にしなければならない業務の一つに源泉所得税納付があります。
　みなさんは，電子納税を利用していますか？
　源泉所得税は，原則として前月の給与や報酬源泉を翌月10日までに納付しなければなりません。
　国税の罰則は元々非常に厳しいのですが，中でも源泉所得税に対する罰則は特に厳しくなっています。
　まず，原則として，源泉所得税を納期限までに支払わなかった場合は納税額に対して10％の不納付加算税が課せられます。この不納付加算税は，たとえ1日でも納付が遅れた場合には，その日数にかかわらず課されます。ただし，誤りに気付いて自主的に納付した場合は5％に減額されます。また，不納付加算税の金額が5千円未満である場合や，源泉所得税の納付月の直前1年間に納付の遅延がない場合は，免除されます。
　次に，不納付加算税に加えて延滞税という罰金もあります。これはいわゆる納期限以降の支払利息で，一般の金融機関に比べ高利の金利がかけられることになります。
　しっかりとスケジュール管理をして仕事を進めているにもかかわらず，うっかり…ということもありえます。そんな人にお薦めするのが電子納税です。電子納税はインターネットバンキングを利用していないとダメでしょ？と思いがちですが，インターネットバンキングを利用していなくても電子納税が可能なのです。それがダイレクト納付です。
　ダイレクト納付は，口座引き落としのシステムで，給与計算をしたそのついでに口座引き落とし予約ができるので，非常にお薦めです。
　一度検討してみようという方は国税庁HP（☞"国税ダイレクト納付"で検索）をご参照ください。

3 現金出納業務の効率アップとチェック強化

【Aさん】 先日，手提げ金庫の残高が現金出納帳と合わなくって，大変だったんです。ちゃんと現金出納帳に記録しているつもりだったんですが，1つ書き忘れがあったんですよね……。

【 私 】 そういうお話，よく聞きますよ。別の仕事をしている時に現金を出金して，後でちゃんと帳簿につけよう……と思っていたのに，うっかり忘れちゃって，後から「あれ？ 合わない」となって，調べるのに時間がかかって大変だったと。

【Aさん】 そうなんです。上司にもとても怒られてしまって。現金出納業務で失敗しないためにはどうしたらいいんですか？

【 私 】 経理にとって，現金管理が一番基本的な業務ですよね。その基本的な業務をしっかり押さえておくことで，他にも応用が利くようになるので，現金出納業務の効率アップ方法について見ていきましょう。

3-1 現金出納業務とは？

　経理にとって，一番なじみ深い業務が現金出納業務です。昔から経理といえば「金庫番」というように，現金や預金の出入りを管理するのが出納業務です。

　現金出納は，現金の入金処理や出金処理，それに伴う証憑類の確認と伝票発行，帳簿記入，残高チェックすることで完了します。その際に気をつけなければならないことは，現金が動いたら「**その場ですぐに行うこと**」と「**細心の注意を払うこと**」です。

　「その場ですぐに行うこと」というのは，現金を扱った時にきちんと処理をしておかないと後で処理をしたときに「このお金って何だっけ？」，あるいは「あれ？　10円合わないけど，なぜ？」ということになってしまうからです。時間がないからと，その場では不明分を仮受金や仮払金にしておくことがよくあります。しかし，後になってみると，いつの間にかそういうことが積み重なり，訳がわからず大変なことになりかねません。だから，現金を扱った時にはルール通りに「その場ですぐに行う」必要があります。

　「細心の注意を払うこと」というのは，現金を取り扱う場面では，盗難や横領といったことが起こりやすい状況です。経理として犯罪や不正が起こらないようにしっかりとルールに則った取扱いをするよう細心の注意を払わなければなりません。

　現金出納業務は，実際には会社の基本財産である現金を取り扱う，経理にとって**一番基本的な業務**です。経理は会社の財産を守る立場にあります。したがって，たった1円だけでも合わないという場合でも，外部の取引先からだけでなく，会社内部からも信頼を失ってしまう可能性があるということをしっかり心にとめておきましょう。

【現金出納業務の流れ】

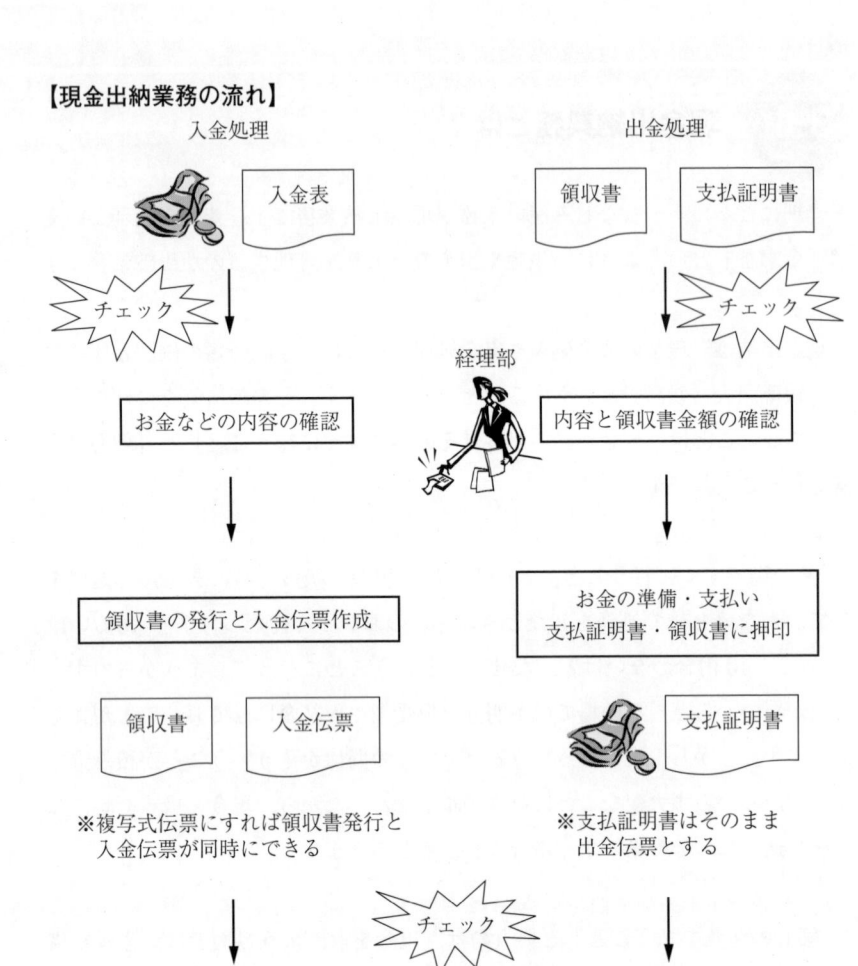

入金処理　　　　　　　　　　　　　出金処理

　　　　　　入金表　　　　　　領収書　　支払証明書

　　　チェック　　　　　　　　　　　　チェック

　　お金などの内容の確認　　　　　内容と領収書金額の確認

　　　　　　　　　　　経理部

　　領収書の発行と入金伝票作成　　　お金の準備・支払い
　　　　　　　　　　　　　　　　　　支払証明書・領収書に押印

　　領収書　　入金伝票　　　　　　　　　　　　支払証明書

　※複写式伝票にすれば領収書発行と　　※支払証明書はそのまま
　　入金伝票が同時にできる　　　　　　　出金伝票とする

　　　　　　　　　チェック

現金出納帳へ記入／手元有高と現金出納帳残高チェック／各書類の整理

　　　　現金出納帳　　　入金伝票　　　支払証明書

【小口現金出納処理　業務手順書(事例)】

業務No.	手　順	使用フォーマット
1	経費を使用した者は，支払証明書に所定の事項(相手先，内容，金額，支払事由，支払年月日)を記入し，領収書を添付して，所属長経由，経理に提出する	支払証明書
2	経理担当者は内容をチェックした上，一旦保管する	
3	経理担当者は，木曜日までに提出された支払証明書を，使用者別に集計して，使用額の合計を計算する	
4	木曜日までに集計した支払証明書を，社長に提出し承認を受ける。支払いに関しては，使用者別に封筒を用意し，支給日，合計金額を書いてお金を封筒に詰めて渡す	
5	支払いが終われば，領収書に再使用防止のため，支払済み印または担当者印を押す	
6	支払いを受けた者は，封筒，支払証明書に受領印を押し，経理担当者に封筒を返す	
7	経理担当者は支払証明書により，仕訳の入力を行う	
8	仕訳の入力が終われば，仕訳のリスト，現金出納帳，資金管理日計表を出力する	仕訳リスト 現金出納帳 資金管理日計表 (現預金日計報告書)
9	毎日，5時に小口の金庫を締め，金庫の現金残高を調べ，金種表を作成し，帳簿残高と照合する	
10	経理担当者は，現金出納帳，資金管理日計表，支払証明書を社長に提出し承認を受ける	
11	承認済みの各書類は所定のファイルに綴じる。なお，領収書と支払証明書は証憑書綴り(スクラップブック)に綴じる	証憑書綴り
12	現金の過不足が生じた場合は，勝手に現金の補充等を行わず，原因を究明し，それでも原因が不明の場合には，社長に報告し，承認を受けた上，現金過不足の処理を行う	
13	出張等で現金の仮払いが必要な場合には，使用者は所属長の承認を得た上，仮出金伝票にて精算日を明らかにした上，経理にその旨申し出，仮払いを行う	仮出金伝票

14	仮払いは小口現金の勘定内であるから毎日の現金残高の計算に入れる。金額の把握は手持ちの仮出金伝票にて行う（みなし現金）	
15	経理担当者は，精算予定日を過ぎても，精算しない者には，精算の督促を行う。また，以前に仮払いした現金を精算していない者には，仮払いしてはならない	
16	毎月月末に社長は小口現金の残高の実査を行う	

※　小口現金は，仮払いや経費支払いなどのために手提げ金庫に用意しているお金です。したがって，売上などの入金とは別に管理しておかなければなりません。

3　現金出納業務の効率アップとチェック強化

【証憑書類事例】

支払証明書

支払日：
支払先：
支払額：
支払の事由/内容
請求書等の交付を受けられなかった場合の理由

精算日：
支払実施者：　　　　　　㊞

役員	上司	経理	出納

旅費精算書

訪問先		期日	年　月　日
目的			～　年　月　日

交通実費	日付	交通手段	金額

日当	
宿泊代	
その他	

備考		合計	
出張命令者	㊞	前受	
		受給額	

精算日：
旅費受給者：　　　　　　㊞

役員	上司	経理	出納

【証憑書類の整理の仕方】
～スクラップブックへの添付事例～

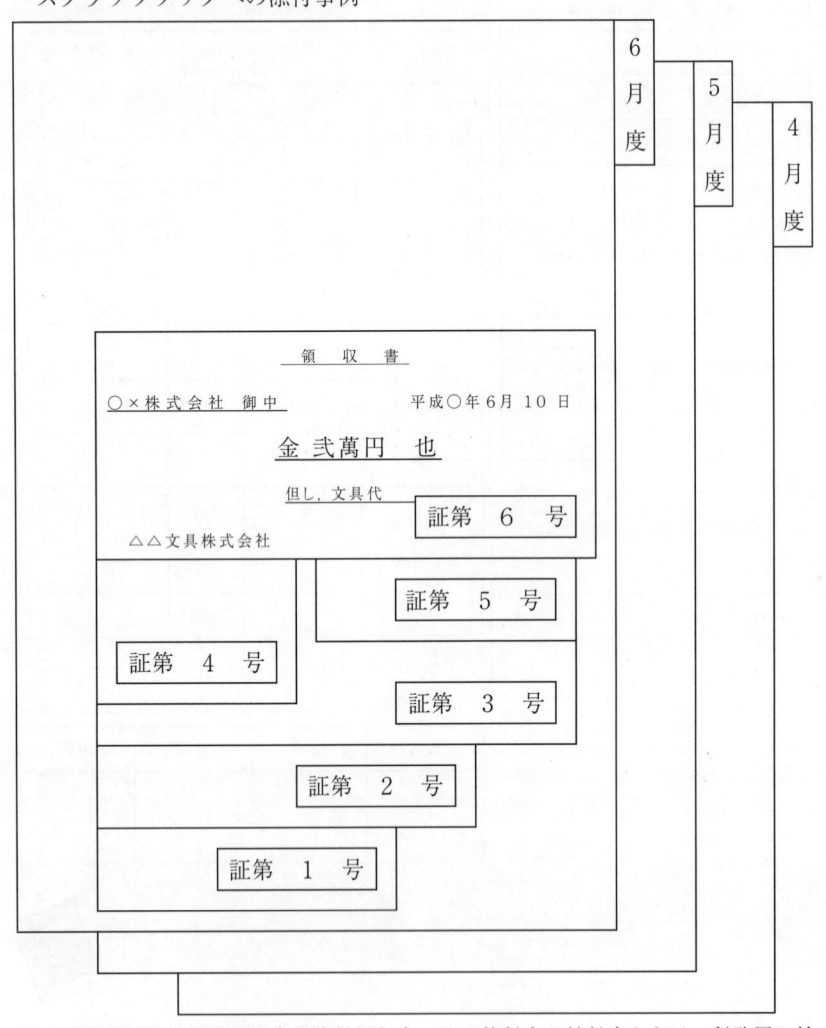

| 6月度 | 5月度 | 4月度 |

領　収　書

○×株式会社　御中　　　　　平成○年6月10日

金　弐萬円　也

但し，文具代

△△文具株式会社

証第　6　号

証第　5　号

証第　4　号

証第　3　号

証第　2　号

証第　1　号

※　源泉所得税納付書や社会保険料領収書，その他税金の納付書などは，税務署や社会保険事務所等外部に提示しないといけないことがあるので，別にファイリングしておくほうが管理上便利です。

3 現金出納業務の効率アップとチェック強化

【資金管理日計表】

資金管理日計表
年　月　日

1. 現金預金残高

項　目		コード	前日繰越	増　加	減　少	本日残高	精査
現金	業務小口	1111B					
	経理小口	1111B					
	小切手	1111A					
当座	UFJ	1112S					
	みずほ	1112F					
	紀陽	1112K					
普通	UFJ	1113					
小　計							

現　金　内　訳		
金　種	数	金　額
10,000		
5,000		
1,000		
500		
100		
50		
10		
5		
1		
小　　計		
仮　出　金		
合　　計		

2. 受取手形残高

項　目		コード	前日繰越	増　加	減　少	本日残高	精査
	手持手形	1121					
取立手形	UFJ	1121					
	みずほ	1121					
小　計							

3. 売掛金の入金内訳

金　種		前日合計	本日入金	入金累計	入力
1111B	現　金				
1111A	小切手				
1112F	振　込				
1112S	振　込				
1121	手　形				
相　殺					
手数料					
値引き					
総　計					

【仮払伝票】

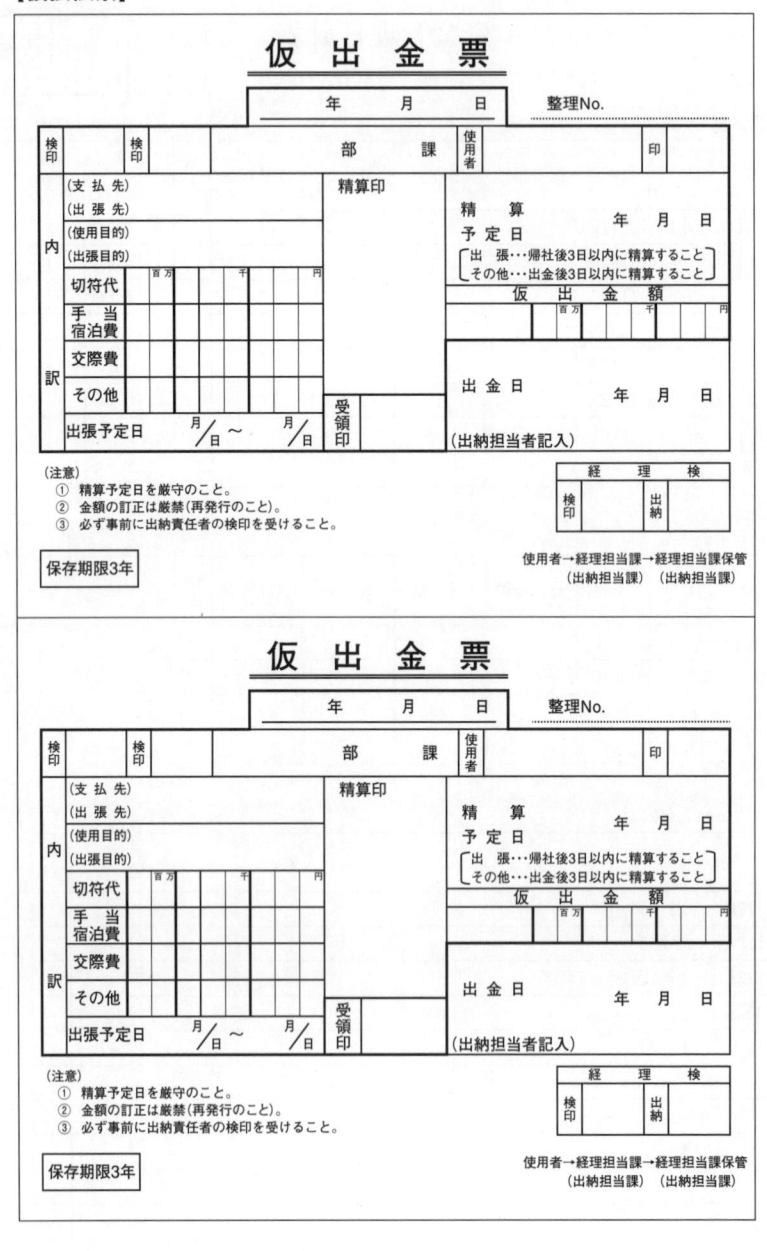

仮 出 金 票

年　月　日　　整理No.

| 検印 | 検印 | | 部　課 | 使用者 | 印 |

	(支払先)	精算印	精算予定日	年　月　日
内	(出張先)		[出　張…帰社後3日以内に精算すること]	
	(使用目的)		[その他…出金後3日以内に精算すること]	
	(出張目的)		仮　出　金　額	
	切符代　百万　千　円		百万　千　円	
訳	手当			
	宿泊費		出金日	年　月　日
	交際費			
	その他	受領印		
	出張予定日　月/日～月/日		(出納担当者記入)	

(注意)
① 精算予定日を厳守のこと。
② 金額の訂正は厳禁(再発行のこと)。
③ 必ず事前に出納責任者の検印を受けること。

| 保存期限3年 | | 経理 | 検 |
| | | 検印 | 出納 |

使用者→経理担当課→経理担当課保管
　　　　(出納担当課)　(出納担当課)

仮 出 金 票

年　月　日　　整理No.

| 検印 | 検印 | | 部　課 | 使用者 | 印 |

	(支払先)	精算印	精算予定日	年　月　日
内	(出張先)		[出　張…帰社後3日以内に精算すること]	
	(使用目的)		[その他…出金後3日以内に精算すること]	
	(出張目的)		仮　出　金　額	
	切符代　百万　千　円		百万　千　円	
訳	手当			
	宿泊費		出金日	年　月　日
	交際費			
	その他	受領印		
	出張予定日　月/日～月/日		(出納担当者記入)	

(注意)
① 精算予定日を厳守のこと。
② 金額の訂正は厳禁(再発行のこと)。
③ 必ず事前に出納責任者の検印を受けること。

| 保存期限3年 | | 経理 | 検 |
| | | 検印 | 出納 |

使用者→経理担当課→経理担当課保管
　　　　(出納担当課)　(出納担当課)

3-2 現金は扱わない！

　経理にとって，現金出納業務は一番基本的な業務であり，とても重要な業務であることが理解できたと思います。「その場ですぐ」「細心の注意を払って」行わなければならない業務なのです。とても単純な業務でありながら，非常に手間のかかる業務であると言えます。

　経理の仕事をしている時に，それを中断して別の仕事をし，その別の仕事を終えて元の仕事に戻るには，また一からやり直しとなり，二度手間になってしまうことや途中から再開することで間違いが生じたりする可能性があります。

　日々たくさんの仕事があり，ほとんどの仕事に期限があるのでスケジュール管理が重要という話をしました。そして，経理は会社の様々な数字を扱う仕事で，その数字によって会社の方向性を左右することになり，正確性が要求されるという話もしました。ですから，何か1つの業務をしている途中で現金精算という作業を挟むことは良くありません。

　そうはいっても，現金出納業務は経理の日常業務であり，営業が売上代金を回収してきたら入金処理をし，他部門の人が経費精算に来たら出金処理をしたりするのは，経理として当然のことです。現金が動くと【現金出納業務の流れ】にあるように，色々な作業をしなければなりません。しかも，「その場ですぐに」「細心の注意を払って」しなければなりません。1日に何度もそのようなことがあると，経理としてはその日に仕上げなければならなかった仕事ができなくなります。

　そこで，**現金はできる限り扱わないような仕組みを作った方がいいでしょう。**

　最近では決済方法も多様化してきています。例えば，売上代金は現金や小切

手による回収をせず，振込やカード決済，電子手形などを利用したり，従業員の経費精算は随時ではなく，1週間〜1か月に一度にするなど回数を減らしたり，現金精算をやめて振込精算に変更したり，現金払いの経費は銀行引き落としやカード払いにするなど，できる限り現金を扱わない工夫をしてみましょう。

【お金についての注意事項】
1. お金の流れは一方通行にする
   → 入金されたお金は絶対に支払いに流用せず，入金されたお金は必ず銀行口座へ入金する。
2. 銀行口座は入金専用口座と支払専用口座に分けておく
   → 入口と出口を別にすることで，お金の流れがよくわかり管理しやすく，資金の無駄遣いを防ぐことができる。
3. 小口現金の補充や経費支払いのために銀行口座から現金引き出しをするときは，1円単位できっちりした金額で処理する（定額資金前渡法＝インプレストシステム）
   → 無駄遣いや不正の防止になる。

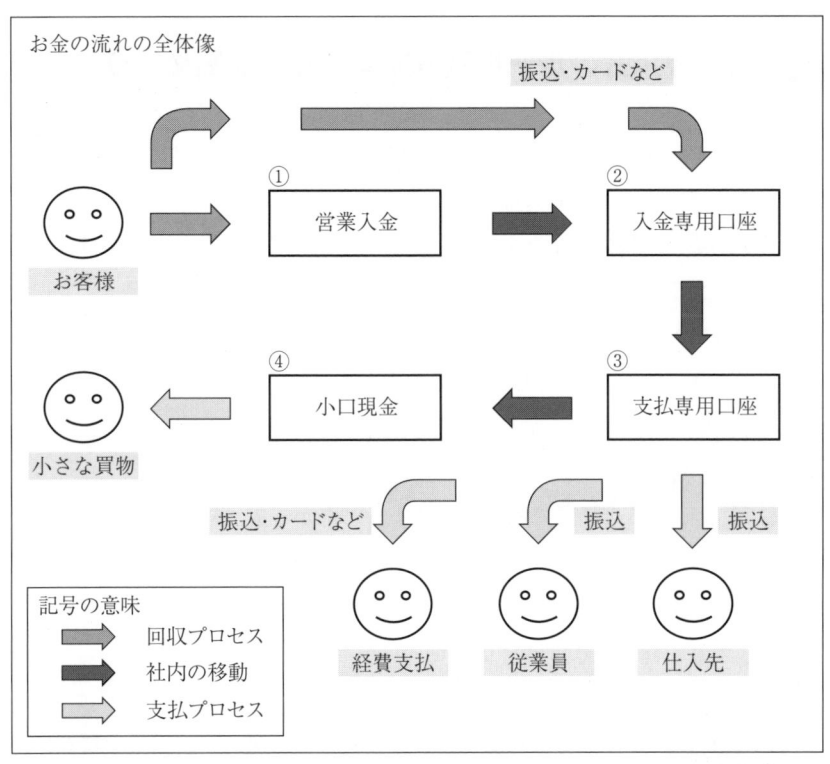

3　現金出納業務の効率アップとチェック強化

お金の流れの全体像

```
                    振込・カードなど
お客様 → ① 営業入金 → ② 入金専用口座
                              ↓
小さな買物 ← ④ 小口現金 ← ③ 支払専用口座
            ↓振込・カードなど   ↓振込        ↓振込
            経費支払           従業員        仕入先
```

記号の意味
→ 回収プロセス
→ 社内の移動
→ 支払プロセス

3-3 仮払金のルール徹底で管理風土を高めよう！

　先ページで，現金は扱わないと提示しました。しかし，現実には，会社業務上の経費支出で切っても切れないものがあります。それは，仮払金です。
　社員が接待や出張で現金を必要とする場合，例えば経費精算が1か月に1度であったりすると，その立替経費金額が多額となり，個人が立て替えて負担するには厳しいものがあります。そこで，このような個人的負荷を軽減するために，使用する目的や予定金額を事前申請で先払いしておくお金を「仮払金」といいます。

　「仮払金」は，まだ経費ではありません。したがって，経理として出金したものの，経費ではないので，お金と引き換えに発行した**仮出金伝票**は，**小口現金と同じ扱い**となります。そのため，仮出金伝票はお金と一緒に手提げ金庫に入れて管理しておかなければなりません。

　「仮払金」は，あくまでも**短期の立替金**です。したがって，出金や精算に当たってのルールをしっかりと決めておかなければなりません。通常，**突然の仮払いは原則禁止**とし，予定を組んで少なくとも前日には申請し，仮払いを行う際に精算予定日を記入し，その日までに精算するよう期限を設定します。しかし，出張期間が延長することもあります。その場合は，出張から帰ったらすぐに精算するというルールを定めておきます。
　精算は速やかに行われなければなりません。しかし，実務上はこの精算がずるずると先延ばしになり，残高がいつまでも残っているという状況も，よく見受けられます。また，本来，仮払金は業務上の必要経費の前払いであるにもかかわらず，人によっては，仮払いで残ったお金を自分自身の生活費の一部としてしまい，精算が給料日までできないという不心得者もいたりします。
　経理としては，誰にいくら仮払いしていて，いつ精算予定なのか，誤って仮

払いの追加をしたり，精算遅れをしたり，精算忘れなどしないように防止しましょう。仮払金勘定を個人別にしっかりと管理し，その動きを追いかけていく必要があります。そして，あまりにも精算が遅いような場合は，給与天引きなど非常手段も辞さないくらいの意識を持ちましょう。

　また，出張旅費以外の仮払金（例えば，お客様接待費など）も可能性としてはありますが，**仮払金はあまり多発すべきではありません**。それは，無駄遣いを助長したり，最悪の場合，不正の温床となる可能性もあるからです。そのような支払いは基本的に相手先から請求書を発行してもらい，直接経理から支払いを行うべきです。

　仮払いについては，しっかりとルールを作り，徹底した管理を行いましょう。

【仮払金精算ルール　事例】

No.	内　容	注　意
1	本人 出張命令により，仮出金伝票を作成し，上司に押印をもらって，経理へ提出する	・仮払承認権者を決めておく
2	経理 仮出金伝票を受け取り，出金予定日，精算予定日，金額，上司の押印を確認し，出金日までに現金を用意しておく	・承認を受けているか確認する
3	出金日 本人 現金と仮出金伝票控えを受け取る 経理 現金を本人に渡し，仮出金伝票と仮出金伝票控えに押印してもらった上で，精算予定日を再度確認し，仮出金伝票控えを本人に渡す	・本人に未精算の仮払いがないか確認しておく ・精算予定日を再度確認する
4	本人 出張中，支払いをするたびにしっかりと領収書をもらっておく	
5	精算日 本人 旅費精算書を作成し，精算日に仮出金伝票控え，領収書，残った現金を一緒にして，経理にて提出してもらい，仮出金伝票控えに精算印をもらって精算を完了する 経理 旅費精算書，領収書，残った現金を受け取り，内容を確認後，仮出金伝票控えと仮出金伝票に精算印を押印し，仮払伝票控えを本人に返す。他の書類はファイリングして保管する	・精算額に誤りがないかしっかり確認する ・精算予定日よりも遅かった場合は，理由を確認しておく

4 預金出納業務の効率アップとチェック強化

【Aさん】 私の会社では、取引銀行が複数ある上に、普通預金や当座預金、定期預金と色々あるので、毎月それらすべての口座残高の確認をするのが大変なんです。会社って、こんなにたくさんの口座を持っていないといけないんですか？

【 私 】 そうですねぇ、会社によって色々事情があって、複数の取引銀行を持っているんだと思いますが、本当は管理する銀行口座は少ない方がいいんですけどね。会社は取引先とのお金のやり取りのほとんどを銀行口座を通じて行っています。だから、経理の業務を効率的に行うには、預金出納業務の見直しをすると随分変わってくるはずです。

【Aさん】 預金出納業務の見直しといっても、何から手をつければいいのかわからないのですが……。

【 私 】 預金出納業務の見直しについては、いくつかのポイントがあります。それでは、預金出納業務を効率アップする方法について見ていきましょう。

4-1 「普通預金」と「当座預金」の違いは？

　経理にとっての出納業務は、現金だけではありません。会社が扱う資金としてのメインはもちろん預金取引ですので、経理の出納業務のメインは預金出納業務になります。

　ところで、銀行の預金口座には、使用目的に応じていくつかの種類があります。会社でよく使う代表的な預金口座は「普通預金」と「当座預金」です。その違いがわかりますか？

　普通預金口座は、普段私たちが個人生活で利用している銀行口座とほぼ同じ機能を持っています。銀行で法人名義の普通預金口座を開設しさえすれば通帳が発行され、銀行窓口で払戻請求書に届出銀行印を押して通帳とともに提示すれば、預金金額の範囲内で払戻しを受けることができます。また、法人用のキャッシュカードも手続きをすれば発行され、個人と同じようにATMで入出金や振込もできます。そして、個人と同じように、基本的には普通預金口座に預けているお金に対して金利を受け取ることができます。しかし、ペイオフ解禁により、金融機関が破たんした時に預入している普通預金口座の1,000万円までしか保証されないこととなり、決済用普通預金というものができました。それは、基本的には一般の普通預金と同じなのですが、ペイオフの際も全額が保護される預金利息の付かない預金になります。

　一方、当座預金は、会社が手形や小切手の決済を目的として開設する口座です。したがって、会社としての信用がなければ開くことができず、口座開設には銀行による審査があります。基本的に通帳は要求しなければ発行されず、通帳の代わりに当座勘定照合表が発行されます。金利もつかず、ペイオフの際も全額が保護される預金になります。普通預金口座と一番違うところは、払戻請

求書でお金を引き出すことができないというところです。当座預金口座からお金を引き出すには，基本的に小切手や手形を発行して行わなければならないということに留意してください。また，当座預金口座を設ける目的は，小切手や手形の決済ですので，残高不足によって手形や小切手が決済されない事態（これを不渡りと言います）になると，会社は信用を失うことになります。この不渡りを半年間に2度起こしてしまうと，銀行取引が停止となり，事実上倒産とみなされますので，残高管理には十分注意しなければなりません。

【普通預金と当座預金の違い】

項目	普通預金	当座預金
口座開設	審査なし 誰でも開設できる	審査あり 信用がないと開設できない
利用する帳票など	預金通帳，払戻請求書，法人用キャッシュカード，ネットバンキング	当座勘定照合表，小切手帳，手形帳，ネットバンキング
小切手・手形	発行できない 受け取ったものは決済可能	発行・決済とも可能
金利	あり ※ただし，「決済用」はなし	なし
預金の払出し	自由に可能	小切手があれば可能
残高不足時	総合口座として，担保定期預金があれば，その定期預金残高額までの貸越が可能	当座貸越契約をしておくことで，残高不足時に契約額までの貸越が可能
注意点	盗難防止のため，通帳と届出印は同じ場所に保管しない	半年に2度の不渡りにより，銀行取引停止 →倒産とみなされる

4-2 預金管理が資金繰りの基本

経理担当者は毎日，1日の終わりに預金出納帳残高と実際の銀行残高が一致しているかどうかを確認します。しかし，それだけが預金管理業務ではありません。

会社にとって，お金は必要不可欠なものです。お金が正常に循環していなければ，会社の経営を円滑に行うことができません。したがって，経理としては，売上の入金や受取手形の決済はきちんと期日通りに行われ入金されているか，支払いをする際や支払手形決済日に，預金口座にきちんと残高があるかなど，しっかりと預金の状況を管理しておかなければなりません。そして，会社の資金が毎月どのあたりで増加し，どのあたりで減少するのか資金ポジションを見張っておくことで，経理は資金準備をすることができます。これが資金繰りの基本となります。つまり，経理としては，**毎月の資金ポジションを知る**ことで，資金状況が日ごと，週ごと，月ごと，2か月後，3か月後と予測でき，資金繰りなどの資金計画を立てることが可能になります。これが「金庫番」としてとても重要な仕事です。

　預金口座Aにはお金がたくさんあるのに，預金口座Bにお金がなくて決済できないということになると，大変な事態に陥ります。経理としては，会社全体の資金状況がどうなのかとともに，各預金口座残高を見ながら，しっかりとお金が循環するように管理していくことが非常に重要です。

【資金ポジション推移表　例】

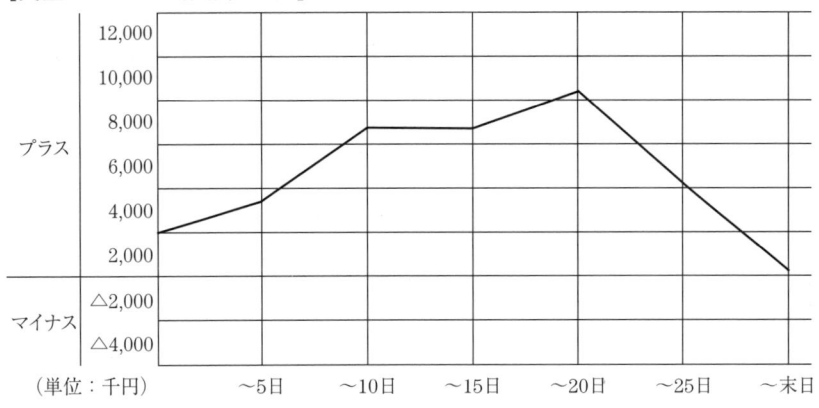

	～5日	～10日	～15日	～20日	～25日	～末日

プラス：12,000 / 10,000 / 8,000 / 6,000 / 4,000 / 2,000
マイナス：△2,000 / △4,000
（単位：千円）

【預金出納処理　業務手順書（事例）】

業務No.	手　順	使用フォーマット
1	預金出納に関する仕訳は各々下記の情報から入力する ・営業入金の預入　⇒　通帳など ・手形の満期，割引 　⇒　銀行からの連絡記録やネットバンク明細表 ・買掛金支払い，未払金支払い　⇒　支払一覧表 ・給与支払い　⇒　給与台帳 ・税金や社会保険料　⇒　納付書，領収書 ・借入金返済　⇒　借入金返済予定表 ・自動振替支払い　他 　⇒　銀行からの連絡記録やネットバンク明細表	通帳 銀行FAX連絡表 当座預金照合表 ネットバンク明細表 支払一覧表 給与台帳 納付書 領収書等 借入金返済予定表
2	預金口座から自動振替で支払った経費に関する通知書などは，銀行証憑書綴りに貼って古い日付順に保存する。この時，源泉所得税，社会保険料など毎月発生するもので，管理上，別管理の方が都合がよいものは，例外として同じ種類の証憑をかためて保存してもよい	銀行証憑書綴り 納付書綴り　など
3	毎日，一日の最後に会計ソフトの預金残高一覧表を出力し，各銀行預金口座の資金残高を確認し，照合する	預金残高一覧表
4	上記の預金残高一覧表，預金仕訳帳などの仕訳記録は，翌日社長に報告の上，承認を受ける	預金残高一覧表 預金仕訳帳　など

5	銀行からの連絡記録や，ネットバンク銀行取引明細，銀行預金残高一覧表は古い日付順に保存しておく	銀行FAX連絡表 当座預金照合表 ネットバンク明細表
6	定期的に銀行から残高証明書を入手し，帳簿残高と照合しておく	残高証明書
7	帳簿残高と不一致が出る場合には，銀行勘定残高調整表を作成しておく	銀行勘定残高調整表

4-3 預金口座が増えるとお金もかかり仕事も増える！

　会社によっては，いくつかの銀行と取引をしているかもしれません。しかし，いくつかの預金口座を作ったものの，主要取引はメインバンクの預金口座を通して行っているので，それらをほとんど使っていない場合があります。しかも，それらの預金口座を利用していないことがわかっているにもかかわらず，また使い始めるかもしれない……と解約せずに残している会社がよくあります。

　会社が預金口座を複数開設する理由としては，お客様が振込しやすいように，あるいは新規借入金に際して，あるいは単なる付き合いでと様々です。同じ銀行の方がお客様にとって便利であったのはもう過去の話です。今は各銀行間（今や郵便貯金＝ゆうちょ銀行も）のネットワークもできあがり，その違いも振込料の負担が数百円ぐらいです。ですから複数の預金口座管理をする人の時間と手間を考えるとかなりの無駄になります。

4 預金出納業務の効率アップとチェック強化

【複数の預金口座を持っている時のデメリット】
① それぞれの預金口座の残高確認，記帳作業が必要となる
② 支払用の預金口座へ残高を集中する振替業務が必要となる
③ 会社の現在資金残高を計算するのにそれぞれの預金口座を確認して，合計する必要がある
④ 使ってもいないのに，決算時などに残高証明書発行費用がかかる
⑤ ネットバンキングを利用する場合，使ってもいないのに使用料がかかる
⑥ ネットバンクを利用しない場合，定期的に銀行へ行って通帳記帳をする必要がある

このように，複数の預金口座を持っていると，お金も手間もかかります。
もちろん，複数の銀行と取引をすることで，相見積りで借入時の金利を安くすることができるなどのメリットもありますが，取引する銀行はできる限り少なくする方が様々な面で無駄を省くことができます。したがって，使用していない銀行預金口座については，解約するなど，口座の整理をすることを検討してみてください。

4-4 支払日はできる限り少なく！

　会社の預金口座の動き（資金ポジション）を注目してみてください。1か月間の中で，大きなお金が出て，残高が少なくなるのはいつでしょうか？

　設立して間もない会社などの場合，あまり請求の締め／支払日を意識せず，請求書が来るたびに支払いをしているところもあるかもしれませんが，会社には一般的に締め／支払日というものがあります。したがって，1か月間で預金口座がぐっと減る時期は，給料日と買掛金支払日，支払手形の決済日であることが一目でわかると思います。会社によっては，「仕入先の条件に合わせて」「資金繰りの関係上」など，いくつかの理由によって買掛金の支払日が10日，15日，20日，末日と数回に分かれていて，何度か減る時期がある場合もあります。

　本当に買掛金の支払いをこのように数回に分けて行う必要があるのでしょうか？　経理にとって，支払業務は下記のような作業をせねばならず，かなり時間と手間がかかります。

【支払業務の流れ】

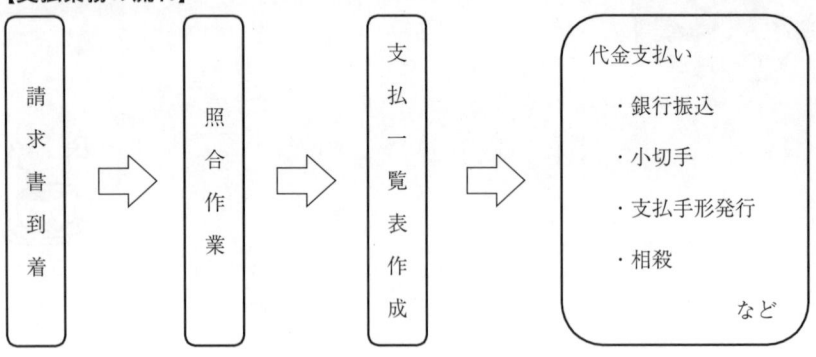

請求書到着 ⇒ 照合作業 ⇒ 支払一覧表作成 ⇒ 代金支払い
・銀行振込
・小切手
・支払手形発行
・相殺
など

　経理にはとてもたくさんの仕事があります。そんな中で，効率的に仕事を進

めるには，できる限り同じ仕事はまとめて行うということが原則となってきます。したがって，もちろん取引先の承諾が条件となりますが，支払業務についても，1か月に1度（少なくとも2度）まで回数を減らすことで経理業務が効率的になるので，一度検討してみてください。

4-5 支払いはやはり銀行振込で！

　経費や買掛金の支払方法は何ですか？
　支払方法というと，現金，カード，銀行振込，小切手，支払手形，最近ではファクタリングや支払代行サービスなど色々あります。経理にとっては，現金は出入りのたびに残高管理をしないといけない上に，手元にある程度のお金をおいておかないといけない，そして小切手や支払手形は発行に手間がかかるなどという点で支払方法としてあまり好ましくありません。そういう観点から経理にとって，支払方法で一番手離れがいいのは，カード払いです。しかし，実際問題としてカード払いは買掛金など多額の支払いには不向きです。したがって，支払方法で一番いい方法は銀行振込になります。

【支払方法比較表】

	銀行振込	小切手	支払手形
費用	振込手数料 0円～1,000円位	小切手帳 1冊あたり50枚位 1,000円位/冊	支払手形帳 1冊あたり50枚位 1,000円位/冊 印紙（支払金額により異なる）
危険性	振込先・金額を間違う可能性がある	小切手発行後の紛失・盗難の可能性がある ※換金前であれば銀行への届出で防止可能	手形発行後の紛失・盗難の可能性がある ※換金前であれば銀行への届出で防止可能
注意点	・振込先，金額の間違い ・預金残高に要注意	・記載事項のもれ ・「線引／銀行渡り」にする ・当座残高に要注意 ・決済確認が必要	・記載事項のもれ ・当座残高に要注意 ・決済確認が必要 ・印紙

【線引小切手／銀行渡りとは】

　小切手は発行者が金融機関に対して，小切手を持参した人に小切手用紙に記載された金融機関の支店で現金と引き換えることを依頼した証券です。したがって，手形と同じように定められた記載事項が整っていなければ，その効力を失います。

【記載事項】

① 振出人の署名　② 振出日の日付　③ 「小切手」の文字

④ 支払金融機関とその所在地

⑤ 支払いを委託することを記した文章

⑥ 振出地　⑦ 支払金額

※間違っているところは訂正印で対応できるが，金額の訂正は不可

　しかし，小切手は手形とは異なり，受取人の指定ができません。そのため，不正や事故などトラブルが発生する可能性があります。それを防ぐための制度

が「線引小切手／銀行渡り」です。線引小切手にすれば，持参人は直接現金に換金することができず，金融機関を通じて払出しを受けることになります。つまり，小切手をいったん持参人自身の預金口座に預け入れることになるので，相手が特定され，第三者による現金収受というトラブルを防止することができます。したがって，小切手発行の際は必ず「線引小切手／銀行渡り」にしておきましょう。

```
┌─────────────────────────────────────────────────┐
│ AA-123456           小切手           ┌──────────┐│
│                                      │大阪 1212 ││
│       支払地：大阪府大阪市中央区○○○○ └──────────┘│
│                                                 │
│           株式会社○○銀行　○○支店                │
│                                                 │
│       金額　　￥550,000＊                        │
│                                                 │
│   上記の金額をこの小切手と引き換えに持参人へお支払いください │
│                                                 │
│       振出日：平成○○年○月○日                    │
│                                                 │
│       振出地：大阪府大阪市中央区○○               │
│                                                 │
│       振出人：○○株式会社                        │
│                                                 │
│           代表取締役　　山田　太郎　㊞            │
└─────────────────────────────────────────────────┘
```

【ファクタリングとは】

債務会社（支払側）と債権会社（受取側）の間に，支払代行システムを持つ金融機関等ファクタリング業者が入ることで，代金決済されるシステムをいいます。これを利用するには，債務会社，債権会社ともファクタリング業者と契約を結ぶことになります。ファクタリング業者は，債権会社の売掛債権を買い取って，債務会社から売掛金を回収します。したがって，債権債務の発生後，ファクタリング業者は債務会社から償還期日に債務の満額を徴収し，債権会社には償還満期日前であれば，満額から決められた率を割り引いた額を支払い，また償還満期日がくれば債権額面の満額（もしくは極めて満額に近い額）を支払うことになるので，手形と同じような役割を果たしてくれます。

	債務会社（支払側）	債権会社（受取側）
メリット	・手形発行等の事務負担軽減などコスト削減ができる ・債権会社へは、「支払日、割引可能日」をFAXや手紙などで連絡するのみでいい ・手形紛失／盗難の心配がない	・手形と同様に割引が可能 　貸倒リスクをファクタリング業者に転嫁することができる ・領収書が不要など債権回収コストが削減できる ・手形紛失／盗難の心配がない
デメリット	・支払代行手数料が高い	・手形割引率よりも割引率が高くなる可能性がある

【電子手形とは】

　電子手形とは、"電子記録債権法"に基づいた新しい決済サービスです。

　一般的に、商取引において会社の規模が大きくなると、多くの資金が必要となり、会社は決済手段として支払手形を利用することになります。しかし、手形には作成・保管にかかるコストや印紙税の負担、および紛失・盗難のリスクなどがあり、会社としてはできる限り減らしていきたいのが本音です。取引上どうしても利用せざるを得ないため発行しているというのが現状です。

　そこで、従来の紙ベースの手形取引に代わり、債権の内容を電子的な記録によって管理する電子記録債権制度（電子手形）ができました。電子手形は、「電子手形割引（都度・定期）」「電子手形譲渡」「期日決済」「分割割引・分割譲渡」といった多様な債権取引がパソコンやFAXによる簡単な操作で行えます。

★電子手形のメリット

① 電子的に債権が記録されるので、手形の受取りなどの作業に時間を取られず、受取りの際の紛失・盗難といったリスクもない

② ペーパーレスなので手形保管にかかる手間やコスト、紛失・盗難といったリスクもなくなり、WEBサービスでいつでも保有電子手形の確認ができる

③ 手形割引の際に、パソコンまたはFAXでの簡単な操作で処理ができるので、従来のように銀行へ行く必要がない、あるいは資金化までに手間と

時間がかからない
④　裏書譲渡もパソコンまたはFAXでの簡単な操作で手軽に行え，手形の受渡しなどの手間がかからない
⑤　従来の手形のように額面通りの資金調達・決済ではなく，1,000円以上，1円単位で分割して割引・譲渡が行えるので，機動的な資金調達・決済ができる
⑥　期日が来ると自動的に決済され，登録している口座で入出金されるので，期日前に取立手続きを行う必要がなく，人的・時間的コストが軽減される
⑦　従来の手形は，期日に入金された資金を利用するまで数日かかるが，電子手形は期日当日に入金されるので，その日から資金が利用できる

このように，電子手形は決済方法としてかなり利便性がよくなっているので，今後どんどん一般的になっていくと思われます。

ただし，まだ，すべての銀行で電子手形が利用できるわけではありませんので，利用するには，ご自身の取引先銀行で電子手形が利用できるかどうかの確認が必要です。

ご確認は　☞　日本電子債権機構（JEMCO）　http://www.den-te.com/　へ

4-6　インターネットバンキングで経理業務改善

　インターネットバンキングとは，コンピュータを使って，インターネット経由で銀行などの金融機関サービスを利用することをいいます。預金の残高照会，入出金照会，口座振込，振替などのほか，複数口座の一括管理などといったサービスがあります。

　以前は，ファームバンキングを導入するには専用端末の購入や高額な使用料を負担する必要があったため，中小企業では費用対効果を考えると割が合わなくて，なかなか利用しない会社が多くありました。しかし，インターネットバンキングは，会社のパソコンを使って月数千円程度の費用で利用できるようになり，利用する会社が増えてきました。

　会社によっては，まだインターネットバンキングを利用していないところもあるかもしれませんが，経理の仕事の中で，意外と無駄が多いのが銀行手続きなのです。

　会社の支払日というのは，だいたい同じような日に集中するので，五十日などは銀行窓口がかなり混み合います。経理にとっては，入金や支払等で忙しい日にもかかわらず，銀行窓口で足止めに合うことになってしまいます。この待ち時間にも人件費がかかっていることを考えれば，会社にとっても非常に無駄が発生しているといえます。

　そんな無駄をなくす方法がインターネットバンキングです。

　何よりも，銀行への往復時間，窓口やATMでの待ち時間がなくなり，残高確認や入金のチェック，振込が会社にいながらにしてできます。また，振込手

数料もインターネットバンキングの方が安い場合もあります。

　そして，最近ではインターネットバンキングの取引データをCSVなどでダウンロードして，会計ソフトに取り込むことで自動的に仕訳を作成してくれる機能を持っている会計ソフトが多くあります。このような機能をうまく使うことで，預金通帳や銀行取引明細などを見ながら仕訳処理をする必要がなくなり，手で入力するよりも仕訳上のミスが少なくなり，経理業務の時間短縮となります。

　インターネットバンキングを利用することで，時間に余裕も生まれ，経理業務改善になること間違いなしです。

★資金繰りはなぜ必要か？
1．資金に余裕がある法人は少ない
2．資金は日々流動する
   → 資金に余裕があると思っていたら，気づけば足りなくなることも！？
3．突然，多額の資金を用意することはできない
   → 事前に資金が不足する時期を予測して，資金準備をしておく必要がある
4．自己発行の手形を不渡りにすると大変なことになる！！
5．資産購入などの投資タイミングを考慮する際の指標となる

【収入・支出の予測を立てる】

収入予測	・売掛金回収 　→　取引条件一覧からの予測と営業からの情報入手 ・受取手形の満期 　→　手形帳　　など
支出予測	・買掛金・未払金の支払い 　→　営業からの売上予測から仕入等の予測を立てる ・支払手形の決済 　→　手形帳 ・人件費 　→　給与台帳，社会保険通知書　など ・借入金の返済 　→　借入金返済予定表など ・リース料などの自動振替支払いなど 　→　契約書や過去の実績から予測　　など

5 売掛金管理業務の効率アップとチェック強化

食品卸売業経理担当者Eさんとの会話

【Eさん】 うちの営業マンは，売掛金回収で未回収になっても仕方ないと思っているみたいなんです！ そんな印象があるのですが，他社の営業マンはどうですか？

【 私 】 営業マンのどのような態度で，そのようにお感じなのでしょうか？

【Eさん】 実際に，得意先の社長から予定していた入金がなかったので一部支払いを待って欲しいと言われたようです。その時の未回収の報告が，『資金繰り困難による未回収でした』という理由なので，未回収理由を聞くだけでいいと思っているのでしょう。

【 私 】 なるほどですね。しかし，Eさんは管理感性が高いですね。Eさんの感じていることは正しいと思います。営業マンは，商品・サービスを販売し，その販売代金を回収・現金化するまでが仕事の範囲ですよね。だから，経理部も営業部にそのことを伝えていきましょう。

まず，売掛金管理業務のチェックリストで，チェックしてみてください。

- □ 請求書の鑑は必ず自分の目でおかしなところ（例えば，入金があるのに書かれていない等）がないか，失礼のないようにチェックする
- □ 請求書はお客様の指定日に必着するように心を砕く
- □ 請求書は必ず経理課から郵送し，営業マンに持たせない
- □ お客様の専用請求書で請求する必要がある場合，絶対に営業マンに請求書を渡し切りにしたり，直接発送させたりしない
- □ 回収予定表により，当日の回収予定を営業に再確認しておく
- □ 集金した内容は，請求書・回収条件通りか必ずチェックし，異常があれば管理者・社長に直ちに必ず報告する
- □ お客様との電話などのやり取りの中で，おかしいこと・異常なことを感じたら，直ちに管理者・社長に必ず報告する

さあ，いかがでしょうか？　売掛金管理業務は，会社の基幹業務です。売上計上という行為を行い，回収までの作業をスムーズに行うことが目的となります。

5-1 請求書の鑑は会社の顔

あなたの仕入先の請求書で,「この請求書見づらいな……」と思うことはありませんか? そのような目で一度自社の請求書をチェックしてみてください。まずは,請求書の体裁からです。

請求書鑑の例【改善前】

当月ご入金額	前月繰越額	**当月お買上高**	消費税額	請求額

お客様から見てわかりやすいような配列になっていますか?

お客様が支払ってくださる金額は表示されていますでしょうか?

実際に,私のクライアントであったことですが,上記のように当月お買上高の表示を太文字で強調していました。その会社は,当月の売上高の金額をご確認くださいという意味で強調していたのですが,実際に入金の際に消費税額が漏れている入金が時々あったのです。なぜだろうか? ということで実際にお客様に確認させていただくと,「前月繰越額と入金額は毎月同じなので,当月お買上高に注意がいってしまい,そのまま振り込んでしまいました……」との声が多かったとのこと。現実,入金違算(請求額と入金額が違う)が発生しますと,営業マンも心理的に良くないですし,確認作業の時間も費やされます。そこで,その会社は下記のように請求書の鑑を変更されました。

請求書鑑の例【改善後】

前月繰越額	当月ご入金額	当月お買上高	消費税額	**請求合計額**

その結果,消費税漏れの入金はなくなりました。

あと,請求書のクレームで多いのは,入金額の表示です。月末が日曜日である場合に商習慣としてその場合,休日前の入金が原則ではありますが,休み明けの月曜日に入金していただいた当月入金扱いの是非についてお客さまからクレームのお声が出る場合があります。これは,きちんと社内でルールを決めて

おく必要があります。

　今一度，お客様の立場で自社の請求書をご確認ください。思わぬヒントが隠れているかもしれません。

5-2 売掛金回収業務の手順

1. 翌月の回収管理表を担当者別，期日別に出るようにしておく
   担当者別→営業の自己管理，経理の入金管理用
   期日別→資金繰り表作成・管理用
2. 各得意先別の回収条件一覧表の整備→経理，営業が持って各自，回収時に条件チェック
3. 得意先一覧表の整備→得意先の請求業務，回収業務にあたっての注意点を一覧したもの
4. 回収のチェック→第1次チェックは営業にて行う。第2次チェックは経理にて厳しく行う
5. 入金処理→入金は現物，渡し証，違算があれば回収違算報告書をセットで持ってこさせる

   ポイント ここでの渡し証とは，経理提出用の領収書複写用紙で現物でお客様から現金等価物を受け取った際，お客様にサインしていただくものです。これによって，確かに営業マンがその代金をいただいたことを確認していただくための書類です。
6. 領収書の体裁→4枚つづり，ノンカーボン，一連番号入り
   ⅰ　会社控え（切り取れない）
   ⅱ　営業控（活用は自由）
   ⅲ　渡し証（経理伝票兼用）
   ⅳ　領収書
   ※　渡し証は，先方の確認印をもらい，<u>営業が入金内容を記入</u>して経理に渡す。

5　売掛金管理業務の効率アップとチェック強化

(ポイント) 最低3枚複写にしてください。そんなことはないと思いますが，市販の1枚ものの領収書は論外です。なぜなら，営業マンが不正を行っていてもチェックすることができません。また，ⅲは営業控え等有効に使ってください。

7．領収書の発行

　ⅰ　集金の場合→営業が発行する

(ポイント) 基本は，営業マンが現場で発行できるように経理が指導します。

　ⅱ　振込，郵送の場合→経理が発行して営業に情報を流す

　ⅲ　店先現金売り→担当者を決めその者が発行し，経理へ入金する

　※　印紙の扱い→税務署に申請して後納する。月末締め翌月末までに納付。

【領収書見本】

3．領収書（4枚目）

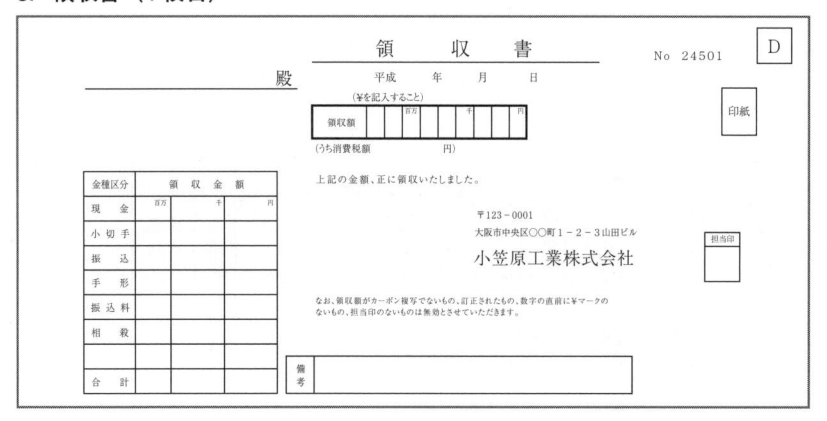

回収条件一覧表

集金時に必ず、これにより回収内容をチェックしてください。
もし、回収条件と違えば、勝手に集金内容をいただかず、会社経理責任者まで連絡してください。

【回収条件一覧表】

担当者氏名　　　　　　　　　取扱厳重注意

No.	得意先名	締日	支払日	回収条件							取扱銀行		その他特殊条件
				現金		手形		回収サイト		振込/小切手	手形	
				集金	振込	小切手	手形	手形	C込				
1	いろは機電	20	翌20	100%					30	奈良中信/本店	奈良中信/本店	振込料相殺
2	ABCソフト開発	末	翌々15	50%		○	50%	90	90	南都/八木	南都/八木	廻り手形
3	カナタ電業	15	末	30万以下部分			30万超部分	120	ー	奈良/郡山	ー	10%保留-翌月支払
4	ソフト123	20	翌10	100%		○	100%	90	110	大和/五位堂		専用請求による検収分支払
5	イーアールサン	末	翌末	100%		○			30	南都/下市		千円末満端数値引
6	ひふみ興産	末	翌々末	100%		○			60	三井住友/奈良		
7	ウノドォーモ	20	翌20	100%					30			
8												
9												
10												
11												
12												
13												
14												
15												
16												
17												
18												
19												
20												

5-3 回収違算確認作業はお客様との関係性を強化する

　回収予定額より少なく入金されたり，多く入金されたりすることがあります。この作業を回収違算確認作業といいます。この作業はお客様との関係性が強化できる絶好のタイミングなのです。その理由は，2つです。

　まず1つ目は，**速やかなフィードバックは，お客様の信頼を得られるからです**。
　営業担当者「すいません。昨日いただいたご入金金額が弊社のご請求金額と比べて82,000円少なかったのです。どのような行き違いがあったのかご確認させていただけませんか？」
と，すぐに電話で確認してください。私が以前読んだ書物の中にソニーの営業マンが，振込手数料を引いて代金を振込になったお客様に当日，「お客様申しわけございませんが，弊社は振込手数料の相殺をご遠慮いただいております。こちらのご案内不足で今回はこのような結果となってしまったかと思われます。本日その525円分を私がいただきにあがらせていただきたいと思います。よろしいでしょうか？」という話がありました。
　一瞬，「振込手数料を差し引くのは常識だろ」と思われるかもしれませんが，525円まできっちりと回収する姿勢に，会社の信用・信頼が発生するのです。したがって，回収金額に違いを発見したら即，自社で内容確認をした上でお客様に問合せをすることが重要です。

　そして，2つ目は，**情報収集できるチャンスだからです**。入金不足の場合，単純に商品・サービスの納品内容に対するズレとそうでないズレとに区分されます。そうでないズレはお客様の資金繰りの都合で少し待ってくれないか？　という場面が想定されます。この場合は，そのお客様の情報入手のチャンスです。現在のような経済環境の厳しい中でお客様と情報を共有しての

関係性強化することは必須課題です。そこで、債権管理の視点と営業力強化の視点から様々なことをヒアリングしてみましょう。

・今回資金不足となった背景
「大変ですね。現在の経営状態をお教えください。」
(裏付け資料) 直近の決算書、試算表、資金繰り表、販売実績、集金実績、仕入・外注支払実績、借入金残高、借入金返済実績表、給与支払実績等々
・今後の見込み
「では、今回の資金不足はいつ解消の見込みなのでしょうか？」
(裏付け資料) 販売予測、資金繰り予定表、売掛金回収予定表、受取手形帳、借入金返済予定表、支払手形帳

　実際に、私もこのような資金不足で悩んでおられる会社にコンサルタントとして関与させていただく場合があります。資金不足の会社からすると仕入先に助けがなくては存続することができません。なぜなら、材料仕入や商品仕入がストップした状態ですと商売自体ができないのですから……。したがって、このように仕入先から積極的に経営状態の開示を迫られ実態を明らかにするというプロセス自体に経営者からは感謝されます。お互いの信頼関係構築のためなのです。

5　売掛金管理業務の効率アップとチェック強化

【回収違算報告書】

お支払違算明細書

得意先名							違算原因						金額			処理				
番号	年月日		伝票No.	品名	数量	単価	違算金額						弊社請求額①	お支払額②		御社	弊社	照合済 月日	内容、処理内容	社長	経理	責任者	担当者
	月	日					未請求着	未請引	単価誤	金額誤	重複	一部	その他							
1																				
2																				
3																				
4																				
5																				
6																				
7																				
8																				
9																				
10																				
						修正金額 ①'＝①±1〜10の内容↑							↑②		違算金額 ↑左記①'と②の差額					

5-4 売掛金，受取手形も立派な財産!! 守り抜くための基礎知識

　取引先の支払いが滞り，交渉しても進展がない場合には，裁判をすることになります。ここで重要なことは，裁判は，「真実」を追究する場ではなく，「証拠から最も合理的に説明しやすい事実」を認定する場だということです。

　したがって，「証拠」がなくこちらの主張を立証できなければ，相手が嘘をついていてもこちらの主張は認めてもらえず敗訴してしまいます。

　「お客様はこのように言いました」と必死に訴えても，相手方がこれを否定すれば水掛け論になり，裁判官としては，「あなたの主張する事実が存在しないとまで断定はしないが，あなたの主張する事実を裏付ける証拠がないので（真偽不明というほかなく），あなたの主張する事実を認定することはできない」と判断するしかないのです。もちろん，直接的な証拠（例えば貸付金であれば借用証）がなくても，その他の事実から立証できることもあります（貸付金であれば，当方の出金の事実と相手方の金回りがよくなった事実などから，貸付の事実を立証できる等）。

　しかし，**客観的な証拠が少なければ勝訴できません。**

　ですから，日常の取引において，裁判を意識した証拠の確保をしておきましょう。

　裁判を意識した証拠とは，どのようなものをいうのでしょうか。

　契約はそれぞれ特殊性があるため一概にはいえませんが，重要な証拠は，以下のようなものになります。以下のような証拠があれば，債権の存在を認定してもらえる可能性が高くなります。

　なお，以下の証拠には，**相手方の記名押印や担当者の記名捺印，署名などが必要です。**書面にこれらが記載されていることで，相手方が事実を認めたことになり，強力な証拠になるのです。

(証拠の例)

◆売掛金の場合であれば,
・取引基本契約書（継続的取引の場合）
・個別の契約書
・商品受領書

◆請負報酬であれば,
・基本契約書（ソフトウェア開発契約など各種の作業の請負を伴う場合）
・個別の契約書
・検収書

◆金銭債権であれば
・金銭消費貸借契約書
・借用書

しかし,実際の取引において,「契約書」を作成していないこともあるでしょう。相手との関係で契約書の作成を言い出しにくいという現実もあるようです。実際に私も債権管理制度のコンサルティングで関与させていただいた流通業のお客様では,全く基本取引契約書がありませんでした。

それはそれでやむを得ないですし,強い信頼関係がある取引先であれば,口約束での取引もあり得るでしょう。しかし,裁判になった場合の敗訴のリスクが残ることは意識しておく必要があります。例えば,相手方の担当者が退社し新担当者になったために「そんな話は聞いていない」と言われるなどのリスクもあります。

そこで現実的な契約書締結の進め方としまして,

1. 新規関与のお客様からは100％基本契約をする
2. 回収遅延が発生した場合に,従来のお客様からも基本契約を締結していただく

という方法をお勧めしています。

その結果，5年前には
「そんな，得意先に契約書なんて言えるわけがないじゃないですか！」
と言っていた会社の営業マンが，
「新規のお客様と口座開設したいので契約書の押印お願いします。」
と毅然とした態度で管理部に申請できるようになりました。

　風土・習慣を変えるということは非常に難しいことです。そこにチャレンジされた経営者の意思決定が素晴らしかったことと，その意思決定に従いやり続けた社員の行動力の結果がもたらした債権管理力の向上です。

　売掛金・受取手形という勘定科目は企業会計原則上，そのように表示されていますが，実態としては**『得意先貸付金』**という勘定科目が本来の姿だと思います。お客様に商品・製品・サービスを提供して，即現金支払いしていただけないのでその資金を一時的に貸し付けていることに他ならないからです。したがって，その反対の買掛金・支払手形については，**『仕入先借入金』**ということになります。

　そのような視点で考えてみると，普段の生活で人に何十万円，何百万円，何千万円も契約書・証書なしでお金を貸すということがあるでしょうか？　ないですよね！　したがって，契約書なしで商品を販売している会社は，**『気の優しい貸金業者』**といえるのです。

　商品・サービスを資金化するための財産をしっかり守り抜くためには，債権管理の心得と手順が必要なのです。

5-5　営業マンの教育係は経理部だ！

　私が今まで出会ってきた経理部のトップの方で非常に面白い方がいました。その方は，とても温厚で，もちろん経理部の長ですから，几帳面で資料作りも非常にうまくチェックがいきとどいている完璧な方でした。私が面白いという表現を使ったのは，営業所長への未回収案件でのフィードバックの表現方法が

一風変わっていました。

「A所長は売るのはうまいけど，回収は本当に下手ですよね。どんな売り方したら，そんなに未回収が発生するのですか？」と温厚な経理部長が普通のトーンでお話されます。A所長は，

「……。どんな売り方って……。」返す言葉がありません。

また，つい最近のことですが，経理部の担当者Bさんは，経営会議の未回収議案のときに，

「お客様のことはよくわかっている！　見積管理もできている！　と営業活動についてできていると各営業所長さんはおっしゃいますが，ではなぜ，与信限度額オーバーで販売してみたり，未回収の金額を忘れているという状態が発生するのでしょうか？　是非，そのメカニズムを教えてください。」

各営業所長

「……。すいません。確認できていません。」としか返答できません。

的を射た発言に，営業担当役員さんも

「B君の言うとおりだ。頭をハンマーで殴られたような衝撃が走ったよ。ありがとう。」

とのコメントを発しました。

ここでのポイントは営業さんが悪いということではなく，営業の仕事の範囲は，自社の商品・サービスを販売してその代金を回収するまでとなっていますが，実際の活動を見直してみますと，一般的には回収業務は月1回に対して営業活動のほうが業務を占める割合が多くなっています。これはほぼ間違いない事実でしょう。したがって，よほど意識をしなければ回収業務が重要だと理屈でわかっていても，行動まで伴わないことがあるということです。

そこで，登場するのが私たち経理部の役割なのです。営業部も同じ会社のチームですので，忘れているそして意識が弱くなってきている場合には，すかさず注意をしましょう。決して，未回収を喜んでいる営業マンはいないはずです。ついつい，**優先順位が下がって回収という重大任務が後回しになっている**だけなのです。

経理部はその事実を広い心で受け止めて、冷静にかつ的を射た発言をしましょう。決して、怒りを表現してはいけません。**全社員に債権管理の心得が浸透するまで言い続けるのが経理部の責任**だと思います。

総債権管理は、営業活動も反映されている！

【総債権残高推移表】

総債権残高推移表　　平成23年4月　　　　　　　　　　（単位：千円）

順位	得意先		営業所	担当者	回収条件			債権限度額	債権額推移		債権余裕額	与信枠消化率	摘要
	コード	得意先名			現金手形比率	サイト	手形サイト		11月	4月			
1	480				現50手50	40	90	3,000	4,229	3,606	-606	120.2	特別管理中
2	647				現金100	35		3,000	3,373	3,218	-218	107.3	特別管理中
3	142				現金100	40		3,000	2,283	2,937	63	97.9	
37	1103				現金100	50		3,000	242	565	2,435	18.8	
38	610				現金100	30		3,000	1,158	545	2,455	18.2	
39	672				現金100	25		3,000	554	545	2,455	18.2	
40	886				現金100	75			557	537			
合計									12,396	11,953			20.3
債権総額									64,392	58,887			

この債権総額推移表はお勧めのツールです。もし売掛金・受取手形が発生する会社でまだこのような資料で管理されていない場合は、是非作ってみてください。

まず、会計締切日現在の総債権（売掛金残高＋受取手形残高）を大きい金額順位で表示させます。この数字は何を表しているのかというと、**会計締切日当日現在に各得意先が倒産した場合に、貸倒れとなる金額**です。実際には、会計締

切日からこの資料を作成した日までの納品額が反映されていませんのでもう少し増える場合があります。

例）会計締切日末日，資料作成日10日の場合

売掛金残高（月末）	25,000,000 円
受取手形残高（月末）	11,000,000 円
総債権推移表合計	36,000,000 円
納品額（1日〜10日）	3,000,000 円
10日時点総債権額	39,000,000 円

　次に，与信限度額を設定している場合には，限度額オーバーでないかどうかを確認します。システム管理をしておられる会社の場合は，与信限度額オーバーとなる売上入力，もしくは受注入力した場合に，システムロックをかけて売上伝票が発行できないようにします。与信限度額との比較については，与信限度額猶予額を表示して，あといくらまで販売できるかを明確に示すこともポイントです。

与信限度額	30,000,000 円
総債権残高	− 28,000,000 円
与信限度猶予額	2,000,000 円

（このまま回収なければあと200万円しか売れない……）

この情報をもとに，
　実際に納品予定がいくらあるのか？
　見積りはどれぐらいしているのか？
　その見積額は正常な取引範囲か？
等々の債権管理上のチェックポイントを押さえていきます。

　不良債権化する場合の兆候としては，総債権が増えるという兆候が多いので

す。その理由は、その得意先がわが社のライバル会社から仕入取引を拒絶され、わが社しか仕入できないとなった場合には、一気に受注量が増えることにあります。

営業マンとしては、
「ありがたいな。最近はライバル比較も少なく、わが社の発注量が増えている」
と思っている場合であったり、受注量増加に気づいてない場合もあります。

どちらにしても、このような背景を推察して、総債権推移表をチェックする必要があります。

この仕事は、本来は営業拠点長の仕事になりますが、前述の通り、経理部がそのチェックの受け皿となって、危険な場合のチェックを行わなければなりません。

ということで、見れば見るほど恐ろしい表になるでしょう。しかし現実ですのでしっかりと金額の推移をチェックする必要があります。

5-6　回収会議で営業活動を読み取る

営業所の拠点が6拠点ある会社のトップであるI社長に、
【　私　】「各営業所の営業活動実態をどのようにチェックされているのですか？」
とお聞きしたところ、
【I社長】「各拠点の回収会議に、出るようにしています。」

【　私　】「営業会議のほうが営業活動の実態把握がよくできるのではないですか？」

【I社長】「各拠点長は，もちろん営業会議でメンバーの活動を確認してもらわないといけないと思いますが，私の役割はもう少し大きな視点で変化に気づくことが大事だと思っていますので，回収会議が一番いいんですよ！」

【　私　】「そうなんですか？　具体的にどのように変化を察知しておられるのですか？」

【I社長】「まず，未回収一覧表からは大きく２つ。１つ目は，新たな発生トラブルの確認。回収違算が発生するということは，得意先とのコミュニケーションギャップが生じているか，得意先の資金繰りの状態がよくなくて，回収遅延が起こっているかのどちらかなんですよ。まずクレームであれば，当社の営業マンの問題なのか？　仕入先の問題なのか？

　原因をきちんと突き止めることが重要です。そこで，営業担当者で解決できるかどうか？　営業所長で対応すべき問題か？
　または私が対応すべき問題？
という営業所長の判断チェックにもなります。

　あとは，資金不足での回収遅延ですが，落ち着いて考えると仕入先に支払いを待ってくださいという状態は正常ではないのです。どんな理由で現在の状態に陥っているのかを営業マンを通じて徹底的に聞かせています。これは，営業マンのトレーニングとしてとても重要なことです。

　２つ目は，３か月間の継続監視のチェックですね。先々月の状態，

先月と今月の状態を横に並べて確認することによって，営業マンの行動力不足なのか？　このままではらちがあかないのか？　という見極めをしなければいけません。

　これも先ほどのクレーム対応と同じく営業所長の判断のチェックポイントです。

　そして，総債権推移表ですね。

　与信限度猶予額と受注見込みとの確認によって限度額オーバー見込みをチェックするのですが，これはもう自分たちで自らやってくれていますので簡単に見る程度です。

　それより，6か月の債権総額の推移をきちんとチェックしています。ここから読み取れることが営業活動そのものなのです。」

【　私　】「といいますと……」

【I社長】「まず，総債権が増加傾向にある場合は，販売量が増えているということがベースにあるのですが，その販売増の理由を営業マンと営業所長に確認します。

　そこで，納得できる場合はよいのですが，ん？？？　という状態で放置しますと，未回収につながる場合が多いので要チェックです。

　特に，新規に口座開設した得意先は要注意です。こちらも情報があまりないことに加えて，新規開発の得意先の販売増は営業マンのステータスですしね。

　ぬか喜びで結果的に，貸倒れとなり営業マンが傷つかないためにも要注意です。

　次に，総債権が減少傾向にある場合は，販売高が落ちているという

ことです。これも同様に理由を確認することによって、日ごろの営業マンの活動が浮き彫りになってきます。本当によくわかりますよ。」

Ｉ社長のお話から学ぶ実務的なポイントは

・未回収一覧表によるチェックの効果
　１．小さなトラブルを大きくしない防止策の決定
　２．回収遅延の場合の得意先状態の把握
　３．３か月間の結果を振り返りこれからの対応決定

・総債権一覧表によるチェックの効果
　１．与信限度猶予額の確認と今後の販売予測の確認
　２．総債権の増加の場合の原因確認による変革行動意思決定
　３．総債権の減少の場合の原因確認による変革行動意思決定

どれも、やはり意思決定できることが重要ですね。
　それらは、未回収一覧表や総債権残高推移表があるから意思決定できるわけです。
　この資料がなくて、上記の意思決定ができるでしょうか？　おそらく納得性のある意思決定はできないと思います。
　経理の役割としてＩ社長の意思決定のための資料をきちんと作ることが重要な任務なのです。社長、営業部と相談しながら、資料作りと不明点のチェックを是非積極的に実施してください！

6 買掛金管理業務の効率アップとチェック強化

リフォーム工事業経理担当者Fさんとの会話

【Fさん】　仕入のチェックは，他社ではどのように実施しているのですか？

【　私　】　なぜ，そのような質問をされるのですか？

【Fさん】　当社では，現場工事監督が仕入チェックをするシステムになっています。
　　　　　そのチェック印も押していたり，押していなかったり……。

【　私　】　それは不安ですね。

【Fさん】　そうでしょう！　チェック印を押していてもきちんとチェックできているかどうかも不安です。
　　　　　だから，他社はどのようにチェックしているのかをお聞きしたくて。

【　私　】　素晴らしい視点ですね。その不安要素を解消してチェック機能を強化したいということですね。では，一緒に確認しましょう。

6-1 合理的な買掛金管理の条件

① 仕入締めの条件整備

■不要かつ重要ではない仕入先は，仕入先整理リストを使い，できるだけ少なくする

ポイント 買掛金残高一覧表を見てください！ 毎月使っている資料でも，「あっ！ この仕入先はもう3年間取引ありません……」というような会社がありませんか？ 現実には，買掛金残高一覧表で取引額，残高が0である仕入先をピックアップして，口座抹消をするという作業になります。毎年，決まった時期に行ってください。一般的には，決算申告が終了した翌月ぐらいに行うのがよろしいかと思いますが，1年間のうちで経理部の負担が少ない月にこのような作業をまとめて実行することもよいかと思います。

■仕入締め日統一→会社の会計締め日に合わせて，統一する
　手順：仕入締め日変更依頼→相手別に実行状況管理表でチェック実施

ポイント 実際に私たちが新規に関与させていただく場合に会計の締切日と仕入の締切日の確認させていただきますが，その締切日がバラバラな場合があります。
例）
　会計締切日：月末
　仕入締切日：10日　　仕入先5社
　　　　　　　20日　　仕入先80社

　　　　末日　　仕入先15社
といった状況です。この場合には,
　1．まず会計の締切日つまり決算日を20日に変更します。
　　もちろん決算日変更しても親会社への影響等のない会社の場合です。
　2．10日仕入先5社,末日仕入先15社の「弊社決算日変更に伴う仕入締切日統一」のお願いをします。もちろん,会社の強弱でできない場合はあると思いますが,基本的には,仕入先からするとわが社が得意先になるわけですから,得意先のお願いはできる範囲で対応していただきたいものです。その姿勢でお願いしてみましょう。

　こうすることによって,仕入の締切日と決算の締切日が統一でき,月内のチェック日のバラつきをなくします。実際に,仕入の締切日が20日である会社には,20日の締め切りベースで営業部と仕入担当部署とでチェックを行いますが,末日にはあまり細かいチェックができていない場合がありました。しかしこの統一によって,すべての仕入チェックが末日から数日間で行われますので,月次決算の粗利精度が高くなるのです。

　■仕入支払日統一→締め後30日後に統一する。理由：支払処理が一度で済む

（ポイント）これは,作業効率アップの一環です。先ほどの締切日の分散もありますが,この支払日の分散度もたくさんあります。
例)
　支払日：10日　経費支払先10社
　　　　　20日　仕入先80社
　　　　　25日　従業員給与50件
　　　　　末日　外注人件費30社
といった状況です。この場合も,できるだけ統一したいところです。もちろん,

現在の会社の状況が不安定で支払日を変更すると信用不安が起こり，通常の商売に支障をきたすような場合はできないのですが，経理部の作業としては集中して処理するほうが，振込処理の処理量，アウトプット帳票も少なくなります。実際に，ある社長さんは，「仕入先・外注先さんは月末締切の翌月20日支払いで行きましょう。そして，給与も現在の25日から20日に変更してすべて自社の振込作業は20日に完了するようにしましょうよ。」とまとめました。

② 仕入受入・記帳の原則整備
■もの＝伝票の仕組み→商品と一緒に納品書が来るようにする
　手順：納品書の現物添付の依頼→相手別に実行状況管理表でチェック実施
■もの≠伝票の場合→処理方法を決定。送り状→本伝票差し替え，請求書と同時は絶対阻止する
■仕入検収分の即時仕入記帳→仕入は毎日業務部門で入力して，日々チェックしておく

(ポイント)　この原則は，京セラの名誉会長である稲盛和夫氏の名著である『実学』から教えていただいた考え方です。参考までに少しご紹介させていただきます。稲盛氏は27歳で京セラを創業，技術畑出身の稲盛氏にとって経営や経理という世界は初体験であり，1つでも判断を間違えば会社がつぶれるという重圧の中，手探りで勉強しながら指示を出さなければなりませんでした。こうした環境の中で稲盛氏が出した答えは，「何事に対しても，常識に捉われず，原理原則に照らし合わせて判断する」ということでした。

そうした定規を手に入れた稲盛氏の目に映ったものは，「常識的な経営・経理」に対する疑問。切り離された経営と会計，見た目を良くするための経理，現場の実態とかけ離れた法律に基づいて出される数字。こうした「常識」に対し「会計は経営にとって，飛行機の計器と同等のレベルで現実を反映しなければならない」「減価償却は現場の実態に基づいて行わなければならない」など，

「常識的な経営・経理」に対し「なぜ？」という疑問を突き付け，自分なりの正答を出して進み続けました。

　このものの動きと伝票の動きが1日でもずれるということは日常的に行われているかもしれませんが，これは数値操作や簿外処理が許されるということであります。こうしたことを1つでも認めれば，「決算期が近いから売上伝票だけ先に」ということも認められることになり，数字上での利益ベースの経営になってしまいます。ここでも，しっかりとものと伝票を1対1で処理することが重要となります。

　得意先から「大至急現物が欲しい」と依頼されたら，帳簿に付けられる最速で対応する。「ものだけ納品して，記帳は明日」などという対応はしないという大原則を貫いてください。

■入力した納品書は「入力済み」のゴム印を押して，ハンギングホルダーに仕入先別に歴史順に保管する

③　仕入締め業務の整備
■月末，速やかに仕入の締め（パソコン，手書き）を行う
　→わが社記録をベースに仕入を締めるようにする
■買掛金一覧表の作成→パソコン，データ，手書きの場合には売掛／買掛残高一覧表が便利
■一時保管しておいた納品書は，左肩をホッチキスで止めてまとめておく

④　請求書収集の条件整備
■請求書の期限設定→請求書の到着期限を締め後3営業日で設定する
　手順：請求書到着期限のお願いを出す→相手別に実行状況管理表でチェックし遅れる仕入先をなくす努力を継続する。

(ポイント)　多くの企業でこの仕入先からの請求書の期限設定そして到着期限

の厳守の取組みをさせていただきましたが，定着するまでにはだいたい6か月ぐらいかかりました。そして，どうしても期限が守れない仕入先がでてきた場合の対応方法は2つです。
 1．その仕入先がどうしても必要な場合→自社が代わりに請求書，つまり支払明細書を作成する
 2．その仕入先にかわる仕入先がある場合→会社の変更

　零細規模で，社長自ら加工してくれており，月末にはその社長自ら請求書を作成してわが社に提出してくださっているような場合ですと，現実的に厳しいと思います。したがって，本当にわが社にとって必要な工程，商材である場合は，自社でその事務負担をしてあげてください。それ以上の価値をその仕入先・外注先はわが社に提供してくれているでしょう。一方，そうでない場合は，残念ながらルールを守れない会社と判断し，思い切って他社への変更に踏み切ってください。そうしなければ，現状から何も変わることなく日々が過ぎていくだけです。

6-2 買掛金管理手順

仕入照合の実施

① 仕入照合→仕入記録，納品書⇔請求書の照合実施，合印を押しておく。

② 仕入違算の処理→仕入違算明細書を作成して，先方にファックス連絡。
当方の間違い→当方を訂正，売上もれチェック。締切後なら翌月処理。
先方の間違い→支払保留し，訂正要求。

③ 請求書保管→請求書は仕入違算明細書と一緒に，あいうえお順にボール紙の表紙で紐綴じする。

ポイント 買掛金の管理ポイントはこの仕入照合に尽きます！

上場企業であっても完璧にチェックできているかというとできていません。実際に，上場企業との取引で仕入額の違算額が2,000万円を超えていたことを目撃しました。

では，仕入照合のレベル別で見ていきましょう。

《レベル1　詳細ノーチェック》

これは，仕入請求書の鑑だけ確認して支払っているケースです。

請求書に記載されている商品別の数量，単価がノーチェックで支払いをしているケースです。中小零細企業ではこのようなこともあり得ます。

【レベル1の仕入請求書例】

請　求　書

2011年4月20日

山田商店　　　　　　　御中

〒111 - 0001
(住所) 大阪市中央区瓦町3－2－15

㈱川上青果

Tel：06 - 6205 - 0000
Fax：06 - 6205 - 0001

下記の通りご請求申し上げます。

購買
2011/02/20
部長

ご請求金額　　　￥67,725　　（消費税込み）

(商品番号等)	品名	数量	単価	金額
326666	大根	200	60	12,000
123333	マンゴー	200	200	40,000
399996	もやし	500	25	12,500
				0
				0
				0
				0
				0
				0
				0
				0
				0
			小計	64,500
			消費税	3,225
			合計	67,725

《レベル2　記憶チェック》

　これは請求書が届いてから，経理部から発注した部署に請求書が回され発注した担当者が一応詳細項目についてチェックをして各アイテム別に確認印を押している場合です。

　ここでの問題点は，担当者の方が自分の記憶でチェックされている点です。

　つまり，正確なチェックができていない可能性があるということです。

　実際に，この方式で実際にチェックされている方にお聞きすると，

「先月分は忙しかったのでほとんどチェックできていません。」

という回答であったり，

　複数の担当者の方が発注される会社の仕入先の請求書に確認印が押されていない仕入商品について，

「この商品はどなたが仕入されたのですか？」

と複数の担当者の方にお聞きすると，

「私じゃないですよ。」

「僕でもないよ。」

「私かな？」

という回答になる時もあります。

　確かに，1か月の活動の中で，すべて人間の記憶で確認できることはあり得ません。

　仕入先が間違った数量，間違った単価，間違った商品を請求されていてもそのまま支払いをしているということです。考えただけでも恐ろしいことです。でも，現実に行われているのです。

《レベル3　発注伝票との仕入照合》

　これが本来の仕入照合です。自社が発注した情報（発注メモ，発注伝票，発注ノート等々その会社によって呼び名は異なります）と仕入先の請求書とをきちんと品名，数量，単価をチェックすることができている会社です。

【レベル3の仕入請求書の例】

請 求 書

2011年4月20日

山田商店　　　　　　　　　御中

〒111‐0001
(住所) 大阪市中央区瓦町3‐2‐15

㈱川上青果
Tel：06‐6205‐0000
Fax：06‐6205‐0001

下記の通りご請求申し上げます。

(印：購買 2011/02/20 部長)

ご請求金額　　　~~¥67,725~~　（消費税込み）　¥63,525

(商品番号等)	品名	数量	単価	金額	
326666	大根	200	60	(山田) 12,000	
123333	マンゴー	200	180 ~~200~~	(山田) ~~40,000~~	36,000
399996	もやし	500	25	(山田) 12,500	
				0	
				0	
				0	
				0	
				0	
				0	
				0	
				0	
				0	
				0	
			小計	~~64,500~~	60,500
			消費税	~~3,225~~	3,025
			合計	~~67,725~~	63,525

6 買掛金管理業務の効率アップとチェック強化

実際の事例1 月商5,000万円の建築資材卸売業の事例

この会社の仕入照合は，原始的ですが完璧な仕入照合をされています。
この会社，月間の仕入額は平均して3,500万円です。
その仕入額について，会長さんが毎日仕入照合されていました。
手順は，以下の通りです。

1. 発注はすべて発注ノート（コクヨのノート）に記載する。
2. 仕入先の納品書には必ず品名・数量・単価を記載してもらう。
   ※記載がない場合は，当社社員が納品伝票に加筆する。
3. 納品された商品は，納品伝票と受入時に倉庫担当者が必ず現品チェックする。
4. 現品チェックが済んだ納品書は，翌日までに発注ノートの発注記録とチェックされ仕入先ごとに納品書をファイリングする。
5. 締切日を迎えると，上記4でファイリングしていた納品書の合計を確認して仕入先の請求書が届くのを待つ。
6. 仕入先から請求書が届くとまず自社の5の納品書合計金額と仕入先の請求書合計金額を確認する。
7. 合計が一致している場合は請求書OK→支払いへ廻る
   合計が不一致の場合は，商品別の差異を追求し，自社のミスもしくは仕入先のミスかどうかの確認をとる→商品違算明細書の作成
8. 先月の商品違算明細書の顛末確認

という流れです。会長さんいわく

「多い時には，3,000万の仕入で50万ぐらいの過大請求がありましたね。毎月全く間違いがないということはありません。**過大請求の内容は，単価違い，数量ミスはもちろん発注していない商品が請求されていることもあります。**」

3,000万円で50万円ですので，もしノーチェックで支払っていれば50万円の損失。1.6％もの粗利益率が低下しているということになります。

1.6％ですよ。よく考えてみてください！　この1.6％はまるまる利益と同じです。

つまり，売上高経常利益率と考えてもいいのです。仕入照合をするかしないかで経常利益が大きく違うことがわかっていただけると思います。

「忙しいから，チェックできないのですよ。」という会社ほど利益がそれほど計上されておらず，赤字の場合もあります。

きちんと利益計上できている会社は，ほぼ仕入のチェックは完璧にできています。そういう意味では，仕入照合ができない会社に繁栄はないといっても過言ではないでしょう！

実際の事例2　月商1億円の玩具商材卸売業の事例

この会社の仕入額はほぼ9,000万円。
経理担当のYさんはベテランの経理ウーマン！

事例1の会社では，発注情報はコクヨのノートでしたが，この会社は販売管理システムを導入して，発注伝票は営業マンが直接入力しておられます。その情報をもとに経理担当のYさんが日々の仕入照合と月末時の請求書チェックの流れを，同じようにされています。

Yさんからたまに確認されることがあります。
「実際に商品として仕入しているのですが，仕入先が請求してこない分を利益計上してもいいですか？」

Yさんは，仕入照合を実施して，仕入先が未請求のものは無視して6か月間は買掛金に計上したまま放置して，6か月経ったのちに利益計上することにしているのです。
【Yさん】「あまり大きな声では言えませんが，管理してない仕入先が悪いと

思います。半年待っているのだからいいですよね。」

なんとたくましいのでありましょうか。

さて皆さんの会社はいかがですか？

きちんと発注情報を社内に蓄積して日々チェックすることができていますか？

仕入照合がなぜ一番重要かといいますと，よく考えて下さい！

サービス業は少し別として，**会社の経費で高額なものの順にランクすると，**

1．商品仕入，材料仕入，外注費
2．給与，賃金
3．物流費もしくは家賃

という順位になるのではないでしょうか？

つまり，会社の財産を守るべき経理部としては，支出する経費のチェックをきちんと行う必要があります。仕入照合は，経理部がしない場合もありますが，実際に仕入照合する部署の方々と連携をとって，この考え方を共有して欲しいと思います。

支払準備

① 仕入先一覧表の整備→仕入先との支払等の業務にあたっての注意点をまとめたもの
② 支払一覧表の作成→エクセルであらかじめ用紙を作成しておくと良い。パソコンにこのフォーマットがあればそれを利用，手書きならば売掛／買掛残高一覧表に記入
③ 支払の方法→支払いは振込に統一し，振込手数料は相殺するのが望ましい。小額取引で，振込手数料を相殺しづらい場合は，相殺する限度額を決めておく
④ 振込手続の準備→総合振込依頼書，ネットバンキングの場合には入力した準備書類を作成する

⑤ 社長の承認→支払一覧表，買掛一覧表，請求書綴り，振込依頼書など。チェックして<u>すべて押印する</u>

⑥ 資金繰り表の添付→⑤の社長承認時に，資金繰り表を添付する（ケースによる）

仕訳の入力などの会計処理

① 仕訳の入力→仕入の仕訳は仕訳シートで，支払いの仕訳は預金取引で行う

② 残高明細管理→買掛金，未払金残高を相手先別管理する場合マスター設定する

7 「金庫」「はんこ」「領収書」管理で不正防止

【Aさん】 うちの会社には大金庫があるのですが，何が入っているかよくわからないんです。古そうな書類や契約書などが保管してあって，もう関係ないものもあるような気がして……。大金庫の中はパンパンになっていて，どうにかしたいんですが，捨てていいものかどうかわからなくて。

【　私　】 会社には保管管理しておくべき重要なものがたくさんありますが，やはり保管スペースにも限りがありますよね。なんとなく重要そうだからと大金庫に入れてしまって，そのまま忘れていて役目を終えたにもかかわらず，そのままそこに居座ってしまって……ということもよくあります。そこで，年に一度は金庫内をチェックして，整理することをお勧めしています。

【Aさん】 わかりました。一度，チェックリストを使って，金庫内の整理をしてみます。
　　　　　ところで，会社にはいくつか印鑑がありますが，その使い方や保管方法もよくわからないんです。

【　私　】 会社の印鑑によっては，悪用されると大変なことになるものもありますので，それぞれの印鑑の使い道や保管方法についても見ていきましょう。そして，不正防止つながりで，領収書管理についても考えてみてくださいね。

【Aさん】 領収書ですか？　領収書と不正……どんな関係があるんですか？

【　私　】　領収書も実はしっかり管理しておかないと不正の温床になりかねないんですよ。それについても説明しますので，しっかり読んで，管理対象に入れてくださいね。

7-1 誰も教えてくれない「金庫」の管理方法

　会社の中には，保管管理しておかなければならない重要なものがたくさんあります。それらの管理方法は，大金庫あるいは手提げ金庫にて厳重に保管する，鍵付きのキャビネットにて保管する，各人の机にて保管する等々，ものによって様々です。

　また，本来会社の金庫で保管すべきでないもの（例えば，社長の個人所有不動産権利書や個人の預金通帳など）まで入っている状況をしばしば見受けます。そして，保管管理し始めたものは，一旦保管場所を決めるとそこに保管し続けています。すでに役目を終えて廃棄可能になっているにもかかわらず，そのまま放置されている……ということがよくあります。

　しかも，保管スペースには限りがあるので，本来しっかりと金庫にて保管管理すべきものが，そのスペースがいっぱいで入りきらず，個人が手元に置いて管理することになってしまいます。そのために，必要な時に金庫の中を探しても見当たらず，ヒヤっとすることさえあります。

　金庫に重要なものを保管管理する理由は，盗難防止や情報漏洩防止のためです。そうであるにもかかわらず，金庫そのものの管理が杜撰となるのは本末転倒です。金庫の鍵やダイヤルの管理のみならず，中身の管理を徹底しておきましょう。

【金庫に保管すべきもの】

大　金　庫	小金庫（手提げ金庫），代表印，印鑑カード，営業入金，受取手形，有価証券，未使用の支払手形・小切手・領収書用紙，各種権利書，重要な契約書，借入関係書類，社会保険被保険者証（会社が預かる場合），労働者名簿，保険証書，決算書原本，予備の鍵　など
小　金　庫 （手提げ金庫）	小口支払用現金，仮出金伝票，預金通帳，キャッシュカード，法人カード，ETCカード，銀行印，契約印，会社印（角印）　など

【金庫管理チェックリスト】

No.	チェック項目	チェック
1	会社に大金庫はありますか	
2	会社に小金庫（手提げ金庫）はありますか	
3	金庫管理責任者は決まっていますか 　　　　　　大　金　庫：_____ 　　　　　　手提げ金庫：_____ ※金庫の中身を触る人間を特定して，責任の所在をハッキリさせておくこと！！ ※緊急の場合の責任者不在時ルールを決めておくこと！！	
4	金庫内に保管しているものを把握していますか ※本来保管すべきものを入れて，余計なものを入れない！！	
5	金庫内に保管すべきものを他の場所に保管していませんか ※保管物一覧表を作成して管理しましょう	
6	休暇前など，金庫内のチェックを行っていますか ※保管物一覧表でしっかり確認すること！！	
7	定期的に金庫内の整理をしていますか ※廃棄すべきものはきちんと廃棄してスペース確保	
8	金庫の鍵の管理者は決まっていますか 　　　　　　大　金　庫：_____ 　　　　　　手提げ金庫：_____	
9	金庫のダイヤルナンバーを定期的に変更していますか ※数年に一度，責任者交代時には必ず変更実施！！	
10	金庫管理ルールを作っていますか	

7-2　誰も教えてくれない「はんこ」の管理方法

　日本は「はんこ」社会です。私たちの個人生活の場面のみならず，会社取引の様々な場面において「はんこ」を押すことが多々あります。

　一般的に会社では，取引に使う「はんこ」として会社実印と角印の2つは用意しています。これ以外に銀行との取引印や日常取引用の印など会社で使われ

る「はんこ」の種類にはいくつかあります。つまり、元から会社実印や銀行印、認め印、角印として存在するわけではなく、使用する会社がそれぞれの用途に応じて届け出た「はんこ」が会社実印や銀行印となるわけです。したがって、取引に使う「はんこ」は、会社の権利関係を明らかにする重要なものなので、その取扱いを杜撰にすると会社に損失を与えることもありますので、その管理は十分配慮をしておかなければなりません。

「はんこ」の押印管理を誰が行うかは会社規模によりますが、中小企業では会社実印や銀行印は社長自身が保管し、押印していることが一般的です。しかし、ある程度の規模になった会社では、「はんこ」ごとに責任者を決めて管理しています。このような場合は、しっかりと管理規定を作成し、押印手続きを定めておくべきです。つまり、「誰が」「いつ」「何の目的で」「どのはんこを押印したか」といった履歴を取っておく必要があります。管理方法としては、会社印押印簿という台帳やノートを使用することが一般的です。このように日常的な業務においてでさえも、押印に際して、色々と手続きがあると、社員の方々は面倒に思われるかもしれませんが、「はんこ」は簡単に押してもらえないということをしっかりと心にとめておいてもらうことで、「はんこ」の管理が徹底されることになります。

印章・印影・印鑑の違い
- 印章 → いわゆる印形（はんこ）のことで、「はんこ」そのもののこと
- 印影 → 印章に朱肉をつけて押印した跡形のこと
- 印鑑 → 官公署や取引先に届け出て、特別の意味を持たせたもののこと

【会社で使用する「はんこ」の種類】

種類	内容	押印する書類
会社実印	会社を設立する時に管轄法務局に届け出る印鑑で、法務局で印鑑証明書を発行してもらえる。 この印鑑を押した書類は印鑑証明書を付けると「会社の意思表示に間違いない」ものとして取り扱われる。 大きさについて制限があり、1辺1cm以上3cm以下の正方形に収まらなくてはならない。 印影は、外側の円に社名、内側の円に「代表取締役印」「代表社印」等の役職名が入る。 会社にとって一番重要な印鑑。	登記関係書類 重要契約書 官公庁への重要提出書類
銀行印	銀行口座を開設する際に、銀行に届け出る印鑑。 会社実印と兼用しても問題ないが、経理が日常的に扱うので、別に作るのが一般的。 印影は、その大きさが会社実印よりも一回り小さく、また、外側の円に社名、内側の円に「銀行之印」という文字が入る。 銀行印を不正使用されると、無断で預金引き出しや手形発行される危険性があるので、しっかり管理する必要がある。	預金払戻書類 支払手形 小切手
認め印 契約印	会社実印や銀行印が要求されないような、日常的な書類に押印するための印鑑で、印鑑証明の添付まで要求されないようなリース契約などに使用する。 社内の決済権限に応じて文書の重要度を選別し、管理することに意味がある。 印影は、銀行印同様、その大きさが会社実印よりも一回り小さい。	日常の取引文書 事務文書
角印	会社名を刻んだ四角い印鑑で、株券や請求書、納品書、領収書など日常業務で頻繁に使用される。	株券、請求書、納品書、領収書

　一般的に、契約書などに「会社名」「権限者の肩書き」「権限を持つものの個人名」を記載した上で押印すれば、その取引が成立します。

　しかし、契約書の偽造などといって訴訟となった場合に、その書類にどの「はんこ」で押印されたかが大きな意味を持つことになります。つまり、押印に用いられた「はんこ」が会社の代表者Aさんの印鑑であることが立証され

てしまうと，その文書は会社が正式に作成したものと推定されてしまうのです。

会社実印は一般的に慎重に管理されていると考えられているので，押印に使われた「はんこ」が会社実印で，さらに印鑑証明書が添付されていれば，その事実だけで代表者Aさんの印鑑であると証明され，会社実印が不正使用されたのだということを証明することは非常に難しくなります。また，認め印や角印であっても，会社で日常的に契約などに用いられていることが立証されれば，その契約が成立することがありえます。したがって，これらの印鑑についても，不正使用されれば会社に大きな損害を与える可能性があり，適切な管理が必要です。

こういった状況は，実のところ「推定」であって，反証することも可能ですが，実際に不正使用であることを証明していくのは簡単なことではありません。反証にあたっては，様々な証拠の積み重ねを実証していくことになるのですが，その際に会社内で「はんこ」の管理がどれほど厳重に行われていたかが重要になります。例えば，日常的に管理記録を残さず押印している会社の場合，その管理記録は全く証拠としての価値がありません。逆に，しっかりとした押印手続きルールのもとに押印されている会社であれば，その管理記録によって反証することが可能です。

このことからも会社実印などの重要な印鑑については，文書偽造防止のためのみならず，偽造された場合のことも考えて，しっかりと管理記録を残しておかなければなりません。

「銀行印」と預金通帳は一緒に保管しない！！
　「銀行印」は，経理が手提げ金庫に入れて保管していることがよくあります。しかし，手提げ金庫には預金通帳も保管されていることが多く，もしも手提げ金庫そのものが盗難にあった場合，とんでもないことになります。したがって，「銀行印」と預金通帳は必ず別の場所に保管しましょう。

【「はんこ」管理チェックリスト】

No.	チェック項目	チェック
1	会社実印の管理責任者，押印する人は決まっていますか 　　　　　実印管理責任者：_____ 　　　　　押　印　す　る　人：_____ ※一般的に社長が管理・押印	
2	銀行印の管理責任者，押印する人は決まっていますか 　　　　　銀行印管理責任者：_____ 　　　　　押　印　す　る　人：_____ ※一般的に社長が管理・押印，あるいは，社長承認を得て経理責任者が押印 ※会社規模が大きくなると，経理責任者が管理・押印	
3	認め印／契約印の管理責任者，押印する人は決まっていますか 　　　　　認め印管理責任者：_____ 　　　　　押　印　す　る　人：_____ ※一般的に経理責任者が管理し，社長承認を得て自ら押印	
4	角印の管理責任者，押印する人は決まっていますか 　　　　　角印管理責任者：_____ 　　　　　押　印　す　る　人：_____ ※一般的に経理責任者が管理・押印	
5	押印手続きルールはありますか ※一般的に押印申請書（台帳やノートの場合もある）により，上司・経理総務経由で社長申請承認の上，押印	
6	「はんこ」は鍵のかかるところに保管されていますか	

7-3 誰も教えてくれない「領収書」の管理方法

「領収書用紙をなぜ管理するの？」と思われる方もいるかもしれません。

領収書とは，商品やサービスの提供者や販売者が，その代価・料金の支払いを受けたしるしとして相手に対して渡す書面です。したがって，領収書を発行する時には必ずお金が動くので，領収書は不正を生む1つの原因となり得るのです。

世間では，回収代金の着服はよくある話です。通常，回収代金を支払う側は領収書を要求します。その際に，担当者は会社には内緒で領収書を発行して，その回収代金を着服し，発行した領収書は紛失してしまったことにしてしまいます。そして，その売掛金をこっそり貸倒処理して，その消却した売掛金の報告をせず，それが社内で何事もなく通ってしまえば，当分の間その不正が明るみに出てきません。

だからこそ，「領収書」用紙を管理する必要があるのです。間違っても，名刺で領収書代わりなどということを認めてはなりません。

こういった不正行為を防止するためには，領収書の管理ルールを作成しておく必要があります。

【領収書管理ルール】
① 領収書は複写式になっており，連番の入ったものを利用する
② 市販の領収書用紙ではなく，自社独自のものを使用する
③ 未使用領収書綴りに連番を入れて，使用中のものと未使用のものの区分をして，在庫管理する
④ 領収書綴り在庫管理表には，領収書綴りNoごとに使用開始日，使用終了日を記入する
⑤ 領収書綴りを使用している者の氏名を領収書綴り在庫管理表に記入する

⑥　原則として，1冊を使いきるまで次の領収書を使用させない
⑦　書き損じの領収書は破棄せず，控えに添付しておく
⑧　領収書綴りから複写（控え）ごと抜き取られていないか確認する
⑨　領収書発行業務はできる限り経理にて一元管理する
⑩　未使用領収書綴りは金庫に保管しておく

【正しい領収書発行の仕方】

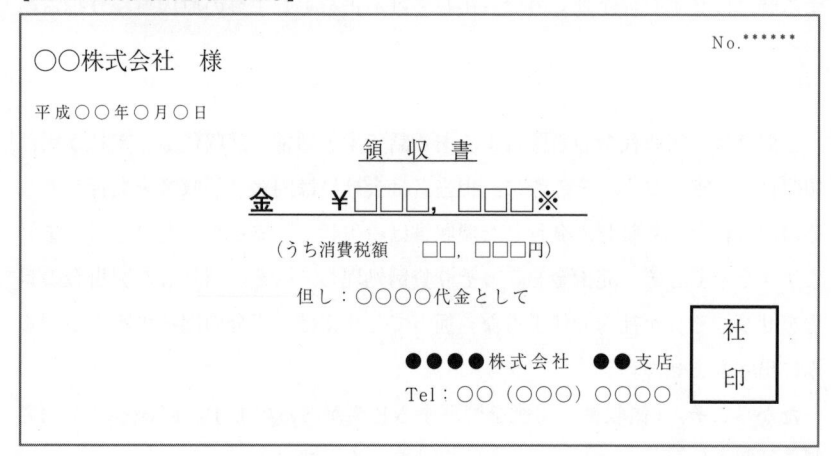

```
○○株式会社　様                              No.******
平成○○年○月○日
                       領　収　書
                    金　¥□□，□□□※
                  （うち消費税額　　□□，□□□円）
                    但し：○○○○代金として

                            ●●●●株式会社　●●支店    社印
                            Tel：○○（○○○）○○○○
```

①　宛名は「会社」対「会社」の取引の場合は，宛先を会社名にします。株式会社を㈱，有限会社を㈲と省略しないようにします。上様などという表記はもちろんダメです。

②　通し番号は，主としてデータ管理上の目的でナンバーをつけます。電話での問合せや，先方から再発行の依頼があった場合等にも，どの領収書に関する依頼なのかを特定することができて便利です。

③　発行日は実際の入金日，お金を受け取った日付を記載します。

④　受領金額の表示は，記載された金額を後で訂正や改ざんすることができないように，数字には，3桁ごとにカンマ（,）を入れます。¥マークと数字の間はあけないようにします。また，最後につける※または－記号も，数字との間をあけないようにします。手書きの場合に，改ざんされないよ

うに難しい漢字表記を使用する場合もあります。
⑤ 但し書きは，何に対する支払いなのかを特定するために重要な部分なので，できる限り具体的に記載します。
⑥ 領収金額に応じて，収入印紙の貼付が必要な場合があります。領収書に印紙を添付した場合は，割り印（消印）をします。
⑦ 内訳は，印紙税の関係上から，税別金額，消費税額を，分けて記載します。
⑧ 発行者は，住所，会社名（お店の名前）を記載し，会社の社印（社判）を押します。
⑨ 書き損じた場合は，領収書の訂正や日付訂正をするよりもできるだけ再発行が望ましいと思います。特に，金額欄に関して，金額訂正はNGです。

★内部管理の必要性

会社において内部管理はなぜ必要なのでしょうか？

会社において不正が起こる理由は，きちんと内部管理がされていないからです。

誰しも不正を働きたいなどと思っていないはずです。

人間の心は非常に弱いものです。ちょっとしたきっかけで不正に手を染めてしまう可能性は誰にでも起こり得ます。だから，会社は社員が間違っても罪を犯させないようにするための仕組みを作っておかなければなりません。それが内部管理制度を作る理由の1つです。

「うちみたいな小さな会社で，こまごまとした内部管理なんて必要ない」ではなく，社員たちを犯罪者にしないための仕組みとして，内部管理制度をしっかりと整えましょう。

8 毎月決算予測するための月次決算活用法

【Aさん】 私の会社では，毎月しっかりと試算表を作っているので，特に問題ないと思うのですが。

【 私 】 その試算表は役に立つ帳簿と言えますか？

【Aさん】 役に立つ帳簿って何ですか？

【 私 】 Aさんは，何のために帳簿をつけているのですか？

【Aさん】 それは，毎月ちゃんと記録しておかないと，確定決算と税務申告ができないので……ではないのですか？

【 私 】 みなさん，よくそう言われるんですよね。しかし，せっかく毎月精魂こめて作った帳簿なのに，1年後の申告のために利用するだけなんてもったいないと思いませんか？
　　　　みなさんが作る帳簿は製品です。その製品を経営者の方に利用してもらい，経営に役立ててもらうことを目的に帳簿は作らなければなりませんよね。そのためには，次の一手を考える判断材料として役立つ帳簿にしなければなりません。そのための方法を見ていきましょう。

8-1　役に立つ帳簿と役に立たない帳簿

　経理は日々起こった取引を仕訳処理して帳簿を作っています。その帳簿は何のために作っていますか？

　経理にとっては，「税務申告に必要だから」「作っておくことが法律などで決まっているから」という答えをよくお聞きます。これで本当に役立つ帳簿を作ることができるのでしょうか。

　逆に，今作っている帳簿を役立つ帳簿として利用していますか？

　何よりも役立つ帳簿とは何でしょうか？

　まず「役立つ」とは誰にとって「どう」役立つのでしょうか？
　その答えは，もちろん「経営者にとって，経営に役立つ」です。

　経営者にとっては，経理が毎月作成してくれる帳簿（月次決算書といいます）は，1か月間の**経営活動の通信簿**なのです。経営者はその結果を，経営の次の一手を考える判断材料として役立てたいはずです。しかし，経理が作成した帳簿を毎月きっちり見ている経営者の方は意外に少ないという事実があります。
　それはなぜでしょうか？　それは，経営者にとってその帳簿が役に立たないからです。**帳簿が役に立たない理由**としては，次の2つが考えられます。
　①　帳簿のできあがるタイミングが**遅すぎる**
　②　帳簿の中身が**でたらめな数字**でできあがっている
　だから，経営者は帳簿を要求しないのではないでしょうか。逆に，経営者が帳簿を要求しないために，経理は帳簿のできあがるタイミングを考えないということも言えるかもしれません。

経理にとっては，せっかく時間をかけて作る帳簿です。経営者が見たくなる「役に立つ帳簿」となるように心をこめて作成しましょう。

そこで，役に立つ帳簿について考えてみましょう。

【役に立つ帳簿と役に立たない帳簿】

	役に立つ帳簿	役に立たない帳簿
作る目的	経営の手を打つため	税務署に申告するため
内容	正確な儲けとお金の残り方を表すために精魂込める	単に伝票を集計しただけで何も考えていない
正確性	月次の儲けをきっちり表す 資産・負債の残高が正確	計算された儲けがでたらめ
スピード	〆後できるだけ早く報告 翌月5営業日以内	期限なし → へたをすると決算申告まで儲けの実態がわからない
決算との関係	毎月の月次決算を足すと，ほぼそのまま正式の決算数値になる	正式の決算をすると利益が大幅に変わってしまう
情報の価値	・儲けとお金の残が早く正確に出る ・いつでも決算利益を予測できる ・異常点と原因がわかる	役に立たない → 逆に，あることによって判断を狂わす
作る姿勢	経営者に経営実態を伝えたいという熱意がこもっている	情報利用者のことを考えず，作成者のひとりよがり

まず、役に立たない理由の1つ、帳簿ができあがるタイミングです。下記月次決算早期化チェックリストを使って、自社の現状の処理状況を確認し、月次決算を早くするための方法を考えてみましょう。

【月次決算早期化チェックリスト】

区分	No.	内容	OK	不要	問題
共通	1	月次の標準日程を設定し、実行管理しているか			
	2	経理処理をコンピュータで行っているか			
	3	銀行取引はインターネットバンキングを利用しているか			
	4	取引銀行は絞り込んでいるか			
売上	5	営業に売上伝票を月末までに全部切るよう指示しているか			
	6	売上の締め／請求から回収日までを1か月以内としているか			
	7	入金の処理結果を経理と販売管理で照合しているか			
	8	不要な取引先口座を定期的に抹消しているか			
仕入	9	仕入の記帳・照合を日々行っているか			
	10	請求書等の到着期限設定をして、仕入先に徹底しているか			
	11	当社仕入記録により仕入計上しているか			
	12	仕入締め日と会計締め日をあわせているか			
	13	仕入先数を絞り込んでいるか			
在庫	14	コンピュータで帳簿在庫が出るようになっているか			
	15	原価計算・原価台帳が整備されているか			
	16	実地棚卸と帳簿棚卸違算の撲滅努力をしているか			
	17	棚卸ができない場合の仕組み（粗利逆算法など）はあるか			
残高	18	現預金の経理処理は日々行い、残高確認しているか			
	19	小口経費の精算を週次、月次など定期的にしているか			
	20	各勘定科目の残高明細がわかるようにしているか			

チェックリストをつけてみましょう。

ここに記した項目は，まず自社の仕組みとしての月次決算が早く進むためのベースが整っているかどうかがわかります。月次決算を早く仕上げるためにも，ここで問題に✓がついた項目について，対応できるかどうか検討してみてください。

そして，次に月次決算の手順が整っているかどうかを検討してみてください。実は，月次決算手順が整っているかどうかも，早期化に関連しています。手順が決まっていなければ，様々な資料が整っておらず，処理漏れが発生したり，何度も確認しながら処理を進めることで，時間がさらにかかってしまいます。

そこで，月次決算業務手順書や月次決算処理チェックリストを作って，毎月処理漏れがないか確認することで，正確かつ効率よく月次決算を進めることができます。

【月次決算処理　チェックリスト】

月次処理項目	1月	2月	3月	4月	5月	6月	7月	8月	9月	10月	11月	12月
現預金入力												
売上入力												
仕入入力												
手形入力												
棚卸入力												
給与入力												
未払経費入力												
月末定例仕訳※												

※　月末定例仕訳は，減価償却や通勤費，賞与，労働保険料，固定資産税など，計上することが決まっている費用で，一時に費用処理すると月によって偏りが生じてしまう費用を，毎月定額で概算費用として処理しておきます。

【月次決算　業務手順書（事例）】

業務No.	手　　順	使用フォーマット
1	資金の動きを伴う仕訳の入力をすべて終える	
2	手形の仕訳の入力をすべて終える	
3	月末が銀行休日の場合には，月末に処理されるべき項目をすべて処理しておく	
4	月末整理仕訳シートを作成し，入力する	月末整理仕訳シート
5	異常な残高，ないはずのもの，あってはならない残高をチェックし，処理できるものはただちに処理する	
6	貸借対照表のすべての項目について，各補助簿，銀行残高と照合し，必要な残高明細を作成，管理し，その内容を明らかにしておく 現金（資金日計表），預金（銀行取引明細書，残高証明書），受取手形（受取手形帳），売掛金（売掛金一覧表），有価証券（取引明細書，預り書），支払手形（支払手形帳），買掛金（買掛金一覧表），未払金（未払金一覧表），借入金（銀行残高証明書，返済予定表），その他（各種管理表）	各種補助簿 勘定科目明細 各種管理表 銀行残高証明 　　　　　　など
7	経理の粗利益と業務の粗利益データとを照合チェックし，異常点を検討する	粗利益データ
8	勘定科目残高試算表を作成する	勘定科目残高試算表
9	社長に報告する 報告資料　⇒　勘定科目残高試算表，預金通帳，銀行残高証明書，売掛金一覧表，棚卸表，各科目明細書，買掛金一覧表，未払金一覧表	
10	決算書類を保管しておく	月次ファイル

次に2つめの理由，帳簿に記載される数字がでたらめということについてです。月次決算において役に立つ数字（正確な儲け）を示すために，下記月次決算利益正確化チェックリストを使って，自身の現状処理状況を確認し，月次決算利益を正確にするための方法を考えてみましょう。

【月次決算利益正確化チェックリスト】

区分	No.	内容	OK	不要	問題
共通	1	損失は早めに処理しているか			
	2	消費税は税抜経理しているか			
売上	3	売上の計上基準は明確に決まっているか			
	4	売上の集計は会計締め期間に合致しているか			
	5	値引き，返品，違算処理はリアルタイムで行っているか			
仕入	6	仕入の計上基準は明確に決まっているか			
	7	仕入の集計は会計締め期間に合致しているか			
	8	仕入請求書の照合をした上で，仕入計上しているか			
	9	仕入未請求の売上がある場合，仕入概算計上しているか			
在庫・粗利	10	月次決算で在庫の変動を反映させているか			
	11	倉庫にない在庫計上を正確に行っているか			
	12	仕掛中の請負原価を計算し，在庫計上しているか			
	13	価値のない在庫は処分し，損失処理しているか			
	14	販売資料の粗利益と照合して，正確性を確保しているか			
費用その他	15	請求ベースで費用計上しているか			
	16	減価償却，賞与引当，退職引当などを月割計上しているか			
	17	月末銀行休日の場合，発生費用を未払計上しているか			
	18	特定の費用支出を予測して，早期見込計上しているか			
	19	リベート等計算可能費用を毎月計上しているか			
	20	B/S科目の残高明細を作成しているか			

チェックリストをつけてみましょう。

ここに記した項目も，まず自社の仕組みとしての利益を正確に計算するベースが整っているかどうかがわかると思います。

とくに，この中でよく問題になるのは，売上と仕入の締めの問題です。会社の利益の基本は粗利益です。粗利益は売上と仕入原価の差「**粗利益 ＝ 売上 － 仕入原価**」によって計算されます。

しかし，会計期間は1日から月末の1か月であるにもかかわらず，売上や仕入の締めが15日締めや20日締めであるために，売上と仕入が対応しておらず，粗利益が全くでたらめとなっていることがよくあります。仕入については，一般的に自社が締め日を選択することができるので，変更しやすい項目です。したがって，もしも月末締めでない場合は，締め日の変更を検討してみてください。

それに対して，売上は相手が決めるものですので，なかなか変更しにくい項目です。しかし，**粗利益を正確に出すためには1日から末日の1か月間の売上を集計する必要があります**。これについては，量にもよるのですが，取引先ごとの締めに応じて，手で集計するとなると1枚ずつ伝票を電卓で足し上げる作業をしなければならず，かなり手間がかかってしまう上に，計算間違いをする可能性もあります。

そこで，販売管理ソフトの導入をお勧めします。販売管理ソフトを導入すれば，納品するごとに伝票処理を行ってさえおけば，それぞれ異なる締めの取引先についても，月末にボタン1つで1か月間の売上を計算することができます。このように売上と仕入の1か月間の取引高を正確にとらえることによって（在庫計算をしなければなりませんが），かなり正確な粗利益を算出することができるようになります。

その他にも，ここに記した項目で問題に✓がついた場合は，それをどう対応していくかを検討して，しっかりと正確な利益ができる方法を考えてみてください。

8-2 固定費がわかれば，必要売上がわかる

利益計算は，「 利益 ＝ 売上 － 費用 」で計算します。この利益計算での売上については，しっかりと締め計算をして1か月間の集計をしていれば，特に説明の必要はないと思います。ここでは，費用について説明します。

利益計算における費用というと仕入と経費が浮かびますが，ここでは経営者にとって経営に役立つ費用分類としての**「変動費」**と**「固定費」**という分け方で説明します。

「変動費」とは，その名の通り，費用のうちで変動していく費用のことです。例えば，商品仕入や材料費，外注費，配送費などのような**売上高や販売数量の増減に応じて増減する費用**のことを指します。つまり，「粗利益 ＝ 売上 － 変動費」を計算するための費用です。

この「変動費」は，商品が売れれば売れるほど大きくなる費用ですので，ある意味仕方ない一面もあり，なかなか「変動費」を押さえることは難しい部分があります。

それに対して「固定費」は，経営を安定させるためにできる限り押さえておきたい費用になります。

「固定費」とは，その名の通り，固定した費用のことを指します。簡単にいえば，固定費とは，経費のうちでほぼ毎月決まって，必ず支払う必要のある費用を指します。つまり人件費や不動産賃借料，支払利息，減価償却費など**経営を行っていく上で，売上高や販売数量に関係なく，一定に発生する費用**が固定費です。

この費用分類からいくと，会社の利益は次のような計算になります。

　　利益 ＝ （売上高 － 変動費） － 固定費

　　　　　　＝　粗利益　－　固定費

　ここからわかる**収支**が**トントン**になる条件は，粗利益と固定費が同額（粗利益＝固定費）になる時であることがわかります。このラインを一般的に「**損益分岐点**」といい，その粗利益を確保するための売上を「**損益分岐点売上**」といいます。粗利益は「売上　×　粗利益率」から計算することができますので，**損益分岐点売上**は「固定費　／　粗利益率」から計算することができます。

　会社は利益を確保することが目標で，収支トントンが目標ではありません。損益分岐点を超えて利益を出すことが目標です。その**利益をプラスにするための条件**は「**粗利益　＞　固定費**」です。したがって，会社にとって利益をプラスにするための売上，つまり損益分岐点売上を上回る額を理解しておけば，売上を集計した時点で，今会社が黒字なのか赤字なのかがわかります。

　このように損益分岐点の考え方を覚えておくと，経営上とても役に立ちます。したがって，この考え方をしっかりと覚えておいてください。

【儲けの方程式】
　利益　＝　売上　×　粗利益率　－　固定費

【損益分岐点】
　固定費　＝　粗利益
　固定費　＝　売上　×　粗利益率
　したがって，「損益分岐点売上」は下記にて計算できる。
　損益分岐点売上　＝　固定費　／　粗利益率

　ところで，この損益分岐点を計算するための費用区分（変動費と固定費）をしたことがありますか？　固定費がわかれば，自分の会社が利益を出すために最低限必要な売上高がわかります。一度，自分の会社の費用を変動費と固定費に分けてみてください。

区分	費用の勘定科目	事　例
変動費		仕入，材料費， 外注費，消耗品費　など
固定費		人件費，家賃， 通信費，支払利息　など

どうでしょうか？　簡単に分けづらい部分もあったのではありませんか？

　会社にとって売上や販売数量に応じて増減する費用である変動費は，すぐにわかるはずです。基本的に変動費に区分したもの以外は，すべて固定費と考えてもらえればOKです。とても，ザックリとした考え方ではありますが，会社にとって大事なのは，まず会社の活動経費として大体どれくらいの費用がかかっているのかをわかっているかどうかなのです。

　もちろん，何が変動費で何が固定費なのかは会社によって，しっかり検討して区分しておくべきものです。しかし，会社の状況を考えるにあたって，細かい数字を気にしても仕方ありません。

　とにかく，会社が1年間に大体どれくらいの固定費がかかるのか，そして，そこから1か月当たり〇〇万円の固定費がかかるので，〇〇万円以上の売上があれば黒字になるのだということさえわかればいいのです。

　したがって，まずは**自分の会社の1年間の固定費はいくらなのか**をしっかりとつかんでください。そして，1年間の固定費から1か月分の固定費を計算してください。その時に気をつけて欲しいのは，月に偏って発生する費用である賞与，固定資産税，労働保険料などや発生することがわかっている費用である減価償却費は必ず12等分して毎月の経費に入れていくということです。

　このように固定費がわかれば，自社に必要な売上高がわかるのです。

固定費を減らす方法

・金額的に大きな順に費用を並べて，順に削減について考える

・それをやめると年間いくら削減できるか考える

・費用対効果を考える

・付き合いや義理の費用がないか見直しを行う

・値下げ交渉できるものはないか考える

・まとめ払いで安くする

・定額経費を入用買いにできないか考える

・いつもの買先ではなく，相見積りを取ってみる　　　　　　　　　　など

8-3 やはり在庫金額の把握が必要！

　会社の利益は「利益　＝　売上　－　変動費　－　固定費」です。
　このうち，毎月変動費を計算するにあたり，気をつけなければならないのが在庫です。
　商品は，販売する目的で仕入れても，すぐに経費（仕入原価）になるわけではありません。商品が売れたときに売れた商品に対応する部分だけを仕入原価にすることができます。つまり，仕入れた商品のうち，売れた分が仕入原価となり，売れていない部分が在庫として資産に計上されます。したがって，**正確な変動費を計算するためには在庫計算をしなければなりません。**

　会社では月末に毎月実地棚卸をして，在庫金額を出すべきなのですが，簡便的に帳簿上の在庫金額を計算するだけで，時間と手間がかなりかかるため，数か月に1度，あるいは1年に1度しか実地棚卸をしていないという会社がほとんどです。

　よく考えてください。会社の利益の第1段階は「粗利益」です。

$$粗利益　＝　売上高　－　変動費$$

　会社の利益の根本となる利益を正確にしなければ，月次決算書は意味のないものになります。
　また，棚卸の対象資産である商品等は金額的に大きい重要な資産であるにもかかわらず，もしも実地棚卸をしなければ，その正確な数量把握ができません。棚卸資産は預金等のように残高証明書などの外部証拠との突合による一致の確認が通常できません。したがって，実地棚卸をしなければ，返品忘れや不良在庫，盗難といった事実の把握タイミングが遅れてしまい，大きな損失となってしまいます。

また，評価の面においても，商品が古くなっていたり，傷んでいたりして実際の単価よりも評価額が落ちる場合もあります。

　毎月とは言わないまでも，数か月に1度は実地棚卸をし，損失の早期把握をして，正確な粗利益額を算出するようにしてください。

　なお，「在庫は罪庫」という言葉があります。実は，会社にとって在庫を減らすことが管理面でも，資金面でもとても効率的なのです。したがって，在庫削減についても一度検討してみてください。

【在庫を持たない会社の行動指針】
1. 毎月営業社員立ち会いのもとで実地棚卸をする
2. 標準在庫を決める
3. 営業は仕入発注をしない
4. 売上と仕入の伝票はすべて経営者が目を通してチェックする
5. イレギュラーが起こったら，即時に処理完了させる

【在庫をなくす経営の原理原則】
1. 得意先の納期をきちんと把握する
2. 販売してから仕入れる
3. 不要な商品は仕入れない
4. 納期が延びる商品は一旦返品する
5. 不良品や残り物はもったいがらず，すぐ捨てる

【倉庫をきれいにする手順】
1. 日を決めて徹底して整理・整頓を実施する
　⇒　整理とは，いらないものを捨てることをいう。
　　　整頓とは，いるものがすぐに出せるようにすることをいう。
2. 倉庫の責任者を決め，社員に徹底する
　⇒　几帳面な人間が最適。金庫番と同じで，決めたら他人には触らせない。

3．標準在庫の品目と数量を決定する

　⇒　徹底することで時間や手間，資金，スペースの無駄がなくなる。

4．在庫の置き場所を決め，表示する

　⇒　決めた場所以外に絶対に置いてはいけない，置かせない。

　　　在庫チェックしやすい，探しやすい。

5．倉庫の入出庫と配送のルールを決める

　⇒　1日の流れを標準化する

　　　　入出庫の時間帯，荷揃え・荷積み・配送の時間帯

8-4 毎月の決算予測をして，社長と対話しよう！！

月次決算書は何のために作っているのでしょうか？

それは，最初に書いたように1か月間の経営活動の成果を見るためであり，経営者が経営の次の一手を打つ判断資料とするためです。

私たちはこれを「儲けの地図」と呼んでいます。
地図は上から見渡すと目的地に向かう方向や道のりが一目でわかります。そして，カーナビは，目的地を設定すると現在地から目的地へ条件設定によっていくつものルートを示してくれます。「儲けの地図」は月次決算書(試算表)を地図に見立て，予算や予測という条件設定でカーナビを使って目的地へ向けて色々なルートを示してくれる資料です。

それでは，次の一手を打つための資料「儲けの地図」はどうあるべきなのでしょうか？

経営者は，通常次のような手順で次の一手を考えます。
① 現在の業績を見て，**良いのか，悪いのか**を判断をする
② このまま推移すればどうなるか**予測**する
③ 予測の結果が目標に達しているのかどうか，その**ズレを確認**する
④ 目標に達するためにすべきことを色々考え，**打つ手を決める**

したがって，経営者がまず欲しい情報は，当月までの正しい業績と当月までの業績が良かったのか，それとも悪かったのかを判断するための材料です。この場合，その実績を何かと比べなければなりません。そのための比較材料は予算，前年実績，同業他社数値などです。

そして次に欲しい情報は，このまま推移すれば業績がどうなるかを見極めるための業績予測資料です。これを知るためには，基本として売上予測値が必要です。売上予測値さえわかれば，大体の粗利益額と固定費がわかり，最終的な決算数値を予測することができます。

経理は，普通売上予測値を自らは立てることができません。経理としてできるのは，月次決算書を作り，経営者が決算数値の予測を立てるお手伝いをすることです。したがって，経理は会社の数字を預かる担当者として，自分の会社の粗利益率や固定費は必ず知っておかなければなりません。そうすることによって，経営者と翌月以降の売上予測や投資等について話をしながら，随時決算予測情報を提供することができるのです。

あなたの会社の粗利益率は？	％
あなたの会社の1か月の固定費は？	円

経営者は常に将来を見据えて経営しています。経理が月次決算報告とともに決算予測をしてくれることで，経営者は目標達成のために「売上を増やさなければならない」のか，あるいは「粗利益率をあげる工夫をしなければならない」のか，あるいは「固定費を減らす努力をしないといけない」のかなど考える機会を持つことになります。それは会社の存続にとって非常に重要なことです。

したがって，経理は毎月必ず「儲けの地図」を用いて，社長と対話し，決算予測を立てていくことで，その大きな役割を果たすことができるのです。

【儲けの地図】

[Ⅰ] 現状把握～決算予測　　　　　　　　　　　　　　　　　（単位：千円）

項目	年間予算	決算予測	①達成に必要な月次業績	②今後の月次業績予測
売上高	545,500	484,961	51,377	39,270
粗利益	100,917	85,734	9,979	6,942
粗利益率	18.5 %	17.7 %	19.4 %	17.7 %
固定費	82,824	82,247	6,969	6,854
利益	18,094	3,487	3,010	88

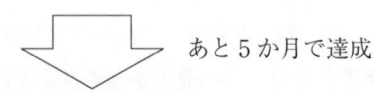

⬇　あと5か月で達成

[Ⅱ] 改善策を検討した結果としての改善数値の把握　　　　　（単位：千円）

項目	手の打ち方①－②		③	手の打ち方③－②	
	改善数値	改善率	修正目標	改善数値	改善率
売上高	12,107	30.8	40,000	730	1.9
粗利益	3,037	43.7	7,200	258	3.7
粗利益率	1.7 %	－	18.0 %	0.3 %	－
固定費	－ 115	－ 1.7	6,250	－ 604	－ 8.8
利益	2,922	－	950	862	－

～作りかた～

1．当月までの実績値とその後の予測値から**決算予測を立てる**
2．決算予測と目標数値とのギャップおよびギャップを埋めるための**必要数値を確認する**（①－②）
3．目標数値とのギャップが現実離れしている場合，**達成可能な手の打ち方**を検討する
4．達成可能な手の打ち方から達成可能な**修正目標を設定**する（③）
5．決算予測と修正目標とのギャップ及びギャップを埋めるための**必要数値を確認する**（③－②）

9　経理業務改善のポイント！

9-1　成果の 90 % は 10 % の活動から生まれている！

企業の現実（ピーター・ドラッカー著『創造する経営者』より）
　既存のものは，資源を誤って配分されています。
・業績の 90 % が上位 10 % からもたらされるのに対し，コストの 90 % は，業績を生まない 90 % から発生します。業績とコストとは関係がない。業績は利益と比例しコストは作業量に比例します。
・資源と活動のほとんどは，業績にほとんど貢献しない 90 % の作業に使われます。すなわち資源と活動は，業績に応じてではなく，作業の量に応じて割り当てられます。高度に訓練された社員など，もっとも高価で生産的な資源が，もっとも誤って配置されます。

・成果の 90 % は 10 % の活動から生まれています。

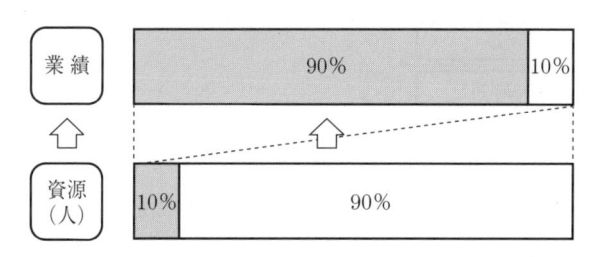

業績	90%	10%
資源（人）	10%	90%

　この原則を信じて，現在の仕事の内容を分析して，もっと成果のあがる仕事に集中すればどうなるのでしょうか？

9-2 時間の使い方が成果を決める

■**生産性とは何か？**

まずは，会社全体の構造で考えてみましょう。

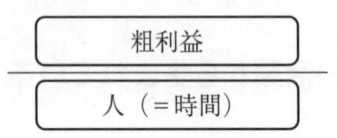

$$\frac{粗利益}{人（=時間）}$$

成果をあげるということは，人間存在が絶対的に時間の関数であり，多くも少なくもできないというこの厳粛な事実にいかに気づき，時間をどう使い，何をするかを問いつづけ，時間当たりの生産性を可能な限り永続的に高めることです。

■**生産性を高める3つの方法**

1．粗利益（分子）を増やす。

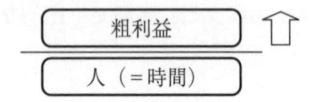

$$\frac{粗利益 \Uparrow}{人（=時間）}$$

2．時間（分母）を減らす。

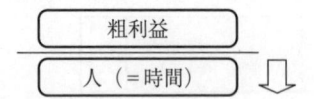

$$\frac{粗利益}{人（=時間） \Downarrow}$$

3．時間（分母）を減らしつつ，粗利益（分子）を増やす。
時間を増やしつつ，さらにそれを上回る粗利益をとる。

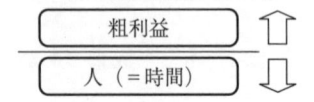

$$\frac{粗利益 \Uparrow}{人（=時間） \Downarrow}$$

さて，これを経理部の仕事に置き換えたらどうなるのでしょうか？

9 経理業務改善のポイント！

■経理部の生産性

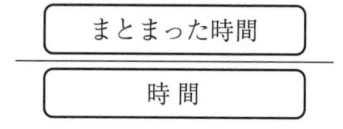

$$\frac{\text{まとまった時間}}{\text{時間}}$$

例えば，

$$\frac{\text{まとまった仕事＝資金繰り表作成}}{\text{時間＝6時間}}$$

$$\frac{\text{まとまった仕事＝仕入照合}}{\text{時間＝12時間}}$$

といった具合になりますね。

したがって，現在の経理部の生産性を高めるということにフォーカスし，前ページの3つの方法で考えてみましょう。

先ほど例に挙げました仕入照合という仕事について考えますと，

1．粗利益（分子）を増やす。

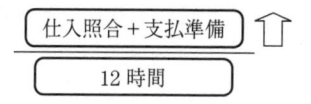

$$\frac{\text{仕入照合＋支払準備}}{\text{12時間}} \Uparrow$$

仕入照合という仕事だけではなくて，その後の支払準備というプロセスまでをまとまった仕事と考えて，同じ12時間で仕上げてしまうように工夫することです。

2．時間（分母）を減らす。

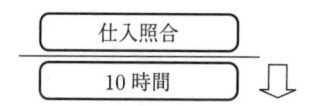

$$\frac{\text{仕入照合}}{\text{10時間}} \Downarrow$$

これは，仕入照合というまとまった仕事にのみ着目して，いかに早く正確に

終了できるかを考える工夫を指します。

3. 時間（分母）を減らしつつ，粗利益（分子）を増やす。
   時間を増やしつつ，さらにそれを上回る粗利益をとる。

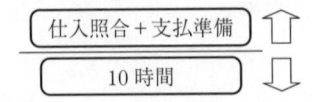

$$\frac{仕入照合＋支払準備 \Uparrow}{10時間 \Downarrow}$$

これは，ハイレベルな取組みですが，仕入照合と支払準備をいう仕事を今の仕入照合にかかっている時間以内にやり遂げようとするチャレンジになります。

現実的に，このような取組みをすることによって，経理部は進化してさらに新しい仕事を創造していくことになります。

9-3 成果を出すための行動！その第一歩を時間管理からスタートしよう！

■時間管理の目的は，「長期の課題に取り組む時間を確保する」ことから始まります。

経営をよくする，改革をする，業績をあげるためには，その原因となることに取り組む必要があります。そうした仕事を『重要な仕事』といいます。しかしこれらの仕事には締切りがなく，しなくても誰からも怒られることもありません。

つまり，『管理されない』仕事なのです。したがって，重要な仕事は自ら管理しない限り優先処理されず，そのため永遠に着手されない可能性が高いのです。

そこで，『自ら時間管理を行い，重要な課題に取り組むこと』を自分で管理

することが成果への必要条件となるのです。

9-4 時間管理の手順

1．仕事の分類
どんな業務をしているか洗い出し，緊急性・重要性から4つの区分に分類します。

↓

2．時間の実績集計
汝の時間を知れ！　1の分類に従い，1か月の業務時間の実績を集計します。

↓

3．1か月の時間計画
1か月の時間計画を立て，重要な仕事に時間を割り当てられるように管理します。

↓

4．時間管理の実践
1か月→1週間→時間予約→そのことに取り組むという流れを習慣化します。

↓

5．時間確保策の実践
重要な仕事に取り組む時間を確保する具体策を実践し，時間をスポイルする要素を排除する具体策を実践します。

9-5 ドラッカー教授の金言「汝の時間を知れ！」

■**時間管理の重要性**（ピーター・ドラッカー著『経営者の条件』より）

　私の観察では，成果をあげる者は，仕事からスタートしない。時間から出発します。計画からもスタートしない。時間が何にとられているかを明らかにすることからスタートします。

　次に時間を管理すべく，自分の時間に対する非生産的な要求を退けます。

　そして最後に，そうして得られた自由になる時間をできるだけ大きな単位にまとめます。したがって，次の三段階にわたるプロセスが，成果をあげるための時間管理の基本となります。

(1)　時間を記録する
(2)　時間を管理する
(3)　時間をひとまとめにする

※　ひとまとめとは，2時間という時間をひとまとめとおっしゃっています。

　成果をあげる者は，時間が制約条件であることを知っています。あらゆるプロセスにおいて，成果の限界を規定するものは，最も欠乏した資源です。成果達成のプロセスにおいてはそのような資源が時間です。

1. 仕事の分類

	小　　　重要性　　　大
大　緊急性　小	日常業務 ③ ／ 本来業務 ① 雑用 ④ ／ 戦略業務 ②

・①と④の順位は誰でもわかります。

・問題は重要な仕事②に時間を優先して割り当てられるかですが，多くの管理者はそれができていないのが現実です。

・経理担当者の4区分

分　類	内　容（例　示）
本来業務 （緊急で重要な仕事）	・各種資料の作成 ・社外情報収集，社内各部門現場の声収集 ・社外へのアナウンス，社内への重要事項フィードバック ・意思決定，交渉
戦略業務 （重要な仕事）	・計画策定業務 ・改善テーマで決めた課題遂行 　～生産性の向上等 ・人材育成 ・生産性・品質アップへ向けた仕組みの構築
日常業務 （緊急の仕事）	・期限のあるオペレーション，日常業務 ・日々，月次などのチェック業務 ・クレーム処理

雑用	・手紙や書類の閲覧 ・電話や不意の来客の応対 ・書類を探す，整理する ・移動時間 ・身のまわりの処理

2. 自分のまわりの期待を確認してみよう！

では，仕事として何をすればいいのでしょうか？

実際に関係者の方々に聞いてみましょう！

下記に示した4つの窓に実際にヒアリングした結果を書き込んでみてください。

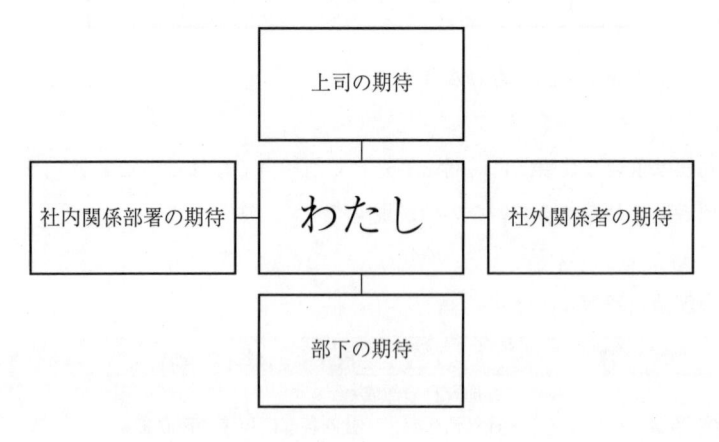

```
              ┌──────────┐
              │  上司の期待  │
              └─────┬────┘
                    │
┌──────────┐  ┌────┴────┐  ┌──────────┐
│社内関係部署の期待├──│  わたし  │──┤社外関係者の期待│
└──────────┘  └────┬────┘  └──────────┘
                    │
              ┌─────┴────┐
              │  部下の期待  │
              └──────────┘
```

何をするべきかのヒントが生まれるはずです。

現実的に，経理部が営業所に巡回してニーズ確認している会社もあります。そのほうが，現場の情報を的確に捉えて管理できるのですから，一度だまされてと思って，関連部署の方々の声を聴いてください！

3. 自分の仕事の仮説を立ててみる

	重要性小	重要性大
緊急性大	・書類の整理，ファイリング ・クレームやトラブル処理 ・部下からの緊急相談	・メールの受送信 ・粗利のチェック ・資金繰り管理 ・上司との報告，連絡，相談 ・仕事や伝票，報告のチェック
緊急性小	・各種入力業務等の一般業務 ・雑用 ・アポなしの面談 ・電話を取る	・計画やアイデア出し ・外部の情報収集

ここでは，あくまでも仮説で結構です。

実際に，自分が行っている仕事の塊を想像で記入していただくだけでかまいません。ある程度，仮説をたてることができましたら実際にその時間を測定しましょう。

4. 時間の実績集計〜1か月の実績時間を集計してみよう！〜

業務時間調査表

		1日		2日		3日		〜	29日		30日		31日		合　計		
		実働	移動	実働	移動	実働	移動		実働	移動	実働	移動	実働	移動	実働合計	移動	総合計
1	重要・緊急業務	0.0	0.0	0.0	0.0	0.0	0.0		0.0	0.0	0.0	0.0	0.0	0.0	0.0	0.0	0.0
															0.0	0.0	0.0
															0.0	0.0	0.0
															0.0	0.0	0.0
															0.0	0.0	0.0
															0.0	0.0	0.0
															0.0	0.0	0.0
															0.0	0.0	0.0
2	重要・非緊急業務	0.0	0.0	0.0	0.0	0.0	0.0		0.0	0.0	0.0	0.0	0.0	0.0	0.0	0.0	0.0
															0.0	0.0	0.0
															0.0	0.0	0.0
															0.0	0.0	0.0
															0.0	0.0	0.0
															0.0	0.0	0.0
															0.0	0.0	0.0
															0.0	0.0	0.0
3	緊急・非重要業務	0.0	0.0	0.0	0.0	0.0	0.0		0.0	0.0	0.0	0.0	0.0	0.0	0.0	0.0	0.0
															0.0	0.0	0.0
															0.0	0.0	0.0
															0.0	0.0	0.0
															0.0	0.0	0.0
															0.0	0.0	0.0
															0.0	0.0	0.0
															0.0	0.0	0.0
4	雑　用	0.0	0.0	0.0	0.0	0.0	0.0		0.0	0.0	0.0	0.0	0.0	0.0	0.0	0.0	0.0
															0.0	0.0	0.0
															0.0	0.0	0.0
															0.0	0.0	0.0
															0.0	0.0	0.0
															0.0	0.0	0.0
															0.0	0.0	0.0
															0.0	0.0	0.0
	合　計	0.0	0.0	0.0	0.0	0.0	0.0		0.0	0.0	0.0	0.0	0.0	0.0	0.0	0.0	0.0

・時間の分類に従い，時間集計項目を設定する

- 業務時間集計表に日々の時間実績を記録していく
- 最小単位 0.25h (15 分) で記入する。1 時間 45 分→ 1.75h
- 想定外の項目があればどんどん足す
- こまかいことは気にせずだいたいの記憶で記録すること
- 日々記録するのが正確でよいが，まとめて手帳から記憶の限りで記入してもよい
- とにかく，細かいことを気にせず，まずおおまかにとらえてみる
  【大数の法則……こちらでふくらめば，あちらでへっこむ】

5. 時間集計が終了したら振返りを行う

区分	項目と時間			現状	気づきと対策
	項目	現状 h	あるべき h		
緊急重要	○○	25	30	まずまず	上司，社長とのコミュニケーションの時間が少ない→決まった時間確保
	◎◎	0	15		
	●●	7	25		
	20 %	50	60		
重要	☆☆	0	20	少ない	時間を作り出して対応
	★★	3	20		
	10 %	25	50		
緊急	！！	15		Cランク顧客対応	部下に移管
	※※	10			
	30 %	75	80		
雑用	××	12		多すぎる	部下に移管
	40 %	100	30		
合計		250	220		

- 各業務の時間実績を検討する
- 現状の時間配分でよいのかを考える
- 真に仕事で成果を出すためには，どのような時間配分をすべきかプランを出す

・やらないことを決める
・どうすれば，必要な時間を確保できるか考える
・どうすれば，時間が奪われる要素を排除できるか考える
・これらの結果を，その後の業務時間計画に反映させる

改善分析事例

平成22年 1月度業務時間調査表　　氏名　海空 花子　　※毎日単位で記入のこと

No.	業務内容	1日	2日	3日		26日	27日	28日	29日	30日	31日	合計	反省
1.	現金預金・出納業務					0	0	0.75	0	2.5	0	42.5	
	小口現金の出金，元帳入力と残高確認							0.25				0.25	
	証憑書類等のファイリング							0.5		2.5		18.6	改善必要
	支払入力（会計ソフト）									0.75		0.75	
	売掛金・買掛金（会計ソフト）残高のチェック							3		3.25		12.25	部下に委譲
	会計ソフトデータの入力又は修正入力								4			11.5	部下に委譲
												0	
												0	
5.	資金繰り業務					0	0	4.75	1	4.75	1.5	39.5	
	入出金予定表の作成と残高確認							4.25		4.5	1.5	37.75	改善必要
	月末支払（裏書手形）の金額照合案内作成と確認								1	0.25		1.25	
	借入関係書類の社判捺印							0.5				0.5	
	金銭消費貸借変更契約書の作成											0	
6.	その他					0	0	0	0	0	0	0	
												0	
	合計	0.00	0.00	0.00		0	0	14	6	15.25	6.25	162.5	

※ 時間は15分単位，つまり0.25時間単位で記入すること

　これは，実際にある会社の経理担当者の方と一緒に改善活動を行ったときの資料です。経理責任者である海空花子さんとパートアルバイトの方2名との合

計3名で経理部門を切り盛りしておられる会社です。

6. 改善計画を含んだ1か月の計画の立て方

①1か月業務時間予定表
↓
②1週間予定表
↓
③手帳による時間管理

①1か月業務時間予定表の作成ポイント
■業務を分類しておく

1. 緊急・重要な業務時間の見積り・予定記入

    【本来時間】→重要・緊急

    ・重要資料の作成，チェック

    ・上司，関連部署との報告等コミュニケーション

    ・業績のチェック

2. 重要な業務時間の見積り・予定記入

    【研究開発時間】→重要

    ・経営計画上の課題遂行に必要な時間

    ・未来構築・情報収集・人材育成などの必要時間

3. 緊急の業務時間の見積り・予定記入

    【業務処理時間】→緊急

    ・やむをえない管理業務ほか

4. 日程を手帳に予約していく

    （必要なものはその場から相手に予約する）

5. To Do List になすべきことを備忘メモ化

■1か月は720時間しかないので労働時間でどれだけ使うかを考える

■1か月の時間計画を作る

■やるべき業務を挙げる
■必要時間と日程を決めていく
■報告，相談等の相手が必要な場合はアポを取り，手帳に時間を予約していく

≪1週間の予定表作成≫

週間行動計画表											～	
	処理すべきこと		早朝		午前		午後		夜		備考(読書)
		CH		CH		CH		CH		CH	
(土)											
(日)											
(月)											
(火)											
(水)											
(木)											
(金)											

メモ帳（次週にむけての準備など）

■週間時間計画の手順
　1．金曜日に，土曜日から金曜日までの予定を立てる

2．一日を早朝，午前，午後，夜の4つの時間帯に区分して，スケジュールを書く
3．次週からその翌週，その月，次月までのスパンで予定を見ながら，準備すべきことを空いた時間に埋めていく
4．To Do List から取り組むべきことがらをピックアップし日程に入れていく
5．その他読書など必要なことを備考に書いておく

■週間時間計画の効用

準備に抜けおちがなくなる結果，
　1．手戻り，緊急がなくなり時間効率が高くなる
　2．まとめ仕事の切れ味，報告内容が高くなる

≪手帳による時間管理≫　※外出されない方は，卓上カレンダーでもいいです

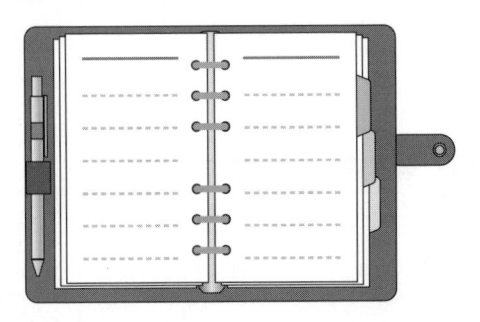

■時間管理のポイント
・約束はただちに手帳へ予約する　→　ブッキング（Booking）
・約束の変更もただちに書き替えする

■やることの管理
・人からいわれた宿題はただちに To Do List に追加する
・宿題や調べ物が終わったらただちに To Do List を消す

■思いついたことの記録
・ひらめいたヒントなどは順次記録する
・ポスト・イットで記録する

7. 重要な仕事の時間を確保するための実践方法
■時間の塊をつくる（ピーター・ドラッカー著『経営者の条件』より）

　成果をあげるには自由に使える時間を大きくまとめる必要がある。大きくまとまった時間が必要なこと，小さな時間は役に立たないことを認識しなければならない。

　成果をあげる人は，時間の塊の大切さを知っています。細切れに時間をたくさん集めるのではなく，連続した時間の塊をいくつつくれたかが課題となります。

　ここでいう**時間の塊とは，2時間とします。**

■具体的な時間確保法

方　　法	内　　容
早朝	朝早く仕事をする。電話などのじゃまが入らないので，抜群のはかどりとなる。早朝の1時間は，昼間の2時間にすら該当する
別室にこもる	会議室など，電話・入室をシャットアウトして没頭できる時間を作る
時間帯を決める	はんこ押しなど管理・雑用の時間，打ち合わせの時間を曜日，時間帯を定め，ある時間帯を重要な仕事にあてるようにする
電車移動 （移動時間の活用）	移動時間を活用してものを考える，読書をする

9 経理業務改善のポイント！

■非生産的時間の排除原則
① 成果を生まない浪費時間をなくす
② させられることは人に任す
③ 人の役に立たない，自分が拘束している時間に気づく
　（全体の効率化）

■非生産的時間の排除法

方　法	原　則	内　　容
整理術	①	ものを探している時間は浪費時間の最たるもの。人間の記憶は時間順，「あれ，いつ頃だったかなあ？」が最も有効な検索キー。だから資料は来たもの順に並べて保管する
すてる	①	郵便物・資料は通常二度と見ないものがほとんど。したがって，見たら即座に捨てる。また必要になったら取り寄せればよい（ほとんどないが）
不意の来客・電話排除	①	取次の者に言い聞かせて，取り次がせない。他人から侵食される時間を減らす。こうした時間を決めるのも1つの方法
コミュニケーション	①　②　③	指示・受命時のコミュニケーション・ギャップが見当ちがいの業務遂行を引き起こす。紙で共有することが最もよい防止策

■まとめた時間をまもる（ピーター・ドラッカー著『経営者の条件』より）

　時間をまとめるための具体的な方法よりも，時間に対するアプローチのほうがはるかに重要である。ほとんどの人は，二次的な仕事を後回しにすることによって自由な時間を作ろうとする。しかし，そのようなアプローチでは，たいしたことはできない。心の中で，また実際のスケジュールの調整の中で，重要でない貢献度の低い仕事に依然として優先権を与えてしまう。時間に対する要求がでてくると，自由な時間や，そこでしようとしていた仕事の方を犠牲にしてしまう。

せっかく苦労して手に入れた時間の塊を奪われてはいけません。無駄に使ってもダメです。それは，他人に奪われることと，自分で放棄してしまうという2つの原因があります。今一度注意をしましょう。
　塊の時間を使う際は，あらかじめ用意を整える必要があります。
　例えば，お昼の14時から16時までの時間の塊を確保できたのなら，12時までの午前中に片付けるべきものは片付け，重要なものに集中できる体制を整える必要があります。そして，14時を迎えると雑念を取り払って，一気呵成（かせい）にその仕事に取り組むようにしましょう。これは，競泳スタートでの飛び込みのようなものです。思い切って飛び込む意識で仕事に取り組んでください。

■毎月振返りのチェックを必ず行う

　時間の使い方は，見えない力によって非生産的な方向に引っ張られてしまいます。かなり意識していても，また習慣化してもなお，その「引力」はなくなりません。禁煙をしている時の喫煙の誘惑のようなものでしょう。
　したがって，毎月の振返りを月末もしくは月初に「先月の時間配分はうまくコントロールできたか？」「重要業務に時間を割けることができたのか？」「成果があがった行動は何だったか？」等々の質問を自分に投げかけ，ヒントを見つけましょう。
　1年前に生産的だった活動も，今となっては非生産的となり，部下に委譲すべきもしくはやめるべき仕事になっているかもしれません。このような視点もフルに活用して行動の振返りを是非行ってみてください。

10 経理のプロになろう！

　最後に，経理のプロとはどういうことかについて考えてみましょう。
　定年後も中小企業にひき手あまたの方々の特徴とは何でしょうか？
　その方々が会社にもたらす利点は何でしょうか？
　そのポイントは，『役に立つ効果があがる情報を提供できる』ということです。

　その役に立つ効果があがる情報の中身ですが，
　①　役に立つ資料作りができる
　②　『過去と他人は変えられない』という大原則の理解
　大きく2つに分類されます。

　そこで，役に立つ資料作りについて少し考えてみましょう。

10-1　役に立つ，効果があがる資料作りができる

　先に，結論をいいますが役に立つ資料とは，**結果に対する原因がわかる資料**のことをいいます。
　では，原因には何があるのでしょうか？

例えば，

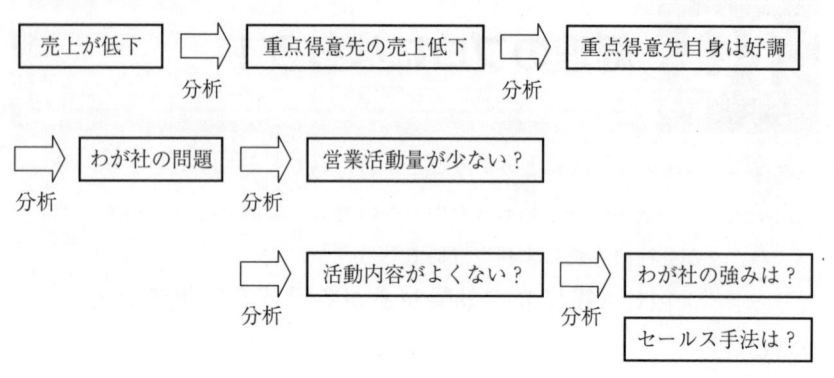

売上が低下 →(分析)→ 重点得意先の売上低下 →(分析)→ 重点得意先自身は好調

→(分析)→ わが社の問題 →(分析)→ 営業活動量が少ない？

→(分析)→ 活動内容がよくない？ →(分析)→ わが社の強みは？ / セールス手法は？

　この事例の原因は，営業部の行動量が少ないのか？　もしくは営業部の活動内容がよくないのか？　という問題までたどりつきました。
　このように，特定できる原因までたどりつけるような資料作りを経理部がお手伝いできればいいのです。

　このような原因分析資料のことを私たちは「儲けのコックピット」と読んでいます。
　実際に経営者が知りたい原因分析に必要な情報の一例は下記の通りです。
　これは，実際に情報としては，部署ごとに違えば，発生頻度も違います。
　この情報をうまく体系立てて組み立てなければいけません。

現場で起こっている状態

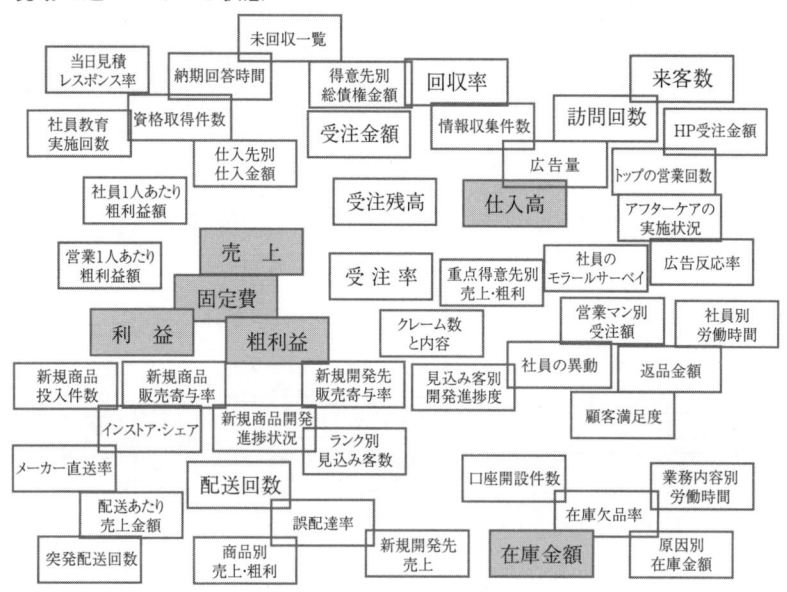

（図：様々な指標が配置された概念図）

- 当日見積レスポンス率
- 社員教育実施回数
- 納期回答時間
- 未回収一覧
- 資格取得件数
- 仕入先別仕入金額
- 得意先別総債権金額
- 受注金額
- 回収率
- 情報収集件数
- 訪問回数
- 来客数
- HP受注金額
- 広告量
- トップの営業回数
- 社員1人あたり粗利益額
- 受注残高
- 仕入高
- アフターケアの実施状況
- 営業1人あたり粗利益額
- 売上
- 固定費
- 受注率
- 重点得意先別売上・粗利
- 社員のモラールサーベイ
- 広告反応率
- 利益
- 粗利益
- クレーム数と内容
- 営業マン別受注額
- 社員別労働時間
- 新規商品投入件数
- 新規商品販売寄与率
- 新規開発先販売寄与率
- 見込み客別開発進捗度
- 社員の異動
- 返品金額
- インストア・シェア
- 新規商品開発進捗状況
- ランク別見込み客
- 顧客満足度
- メーカー直送率
- 配送回数
- 口座開設件数
- 在庫欠品率
- 業務内容別労働時間
- 配送あたり売上金額
- 誤配達率
- 在庫金額
- 原因別在庫金額
- 突発配送回数
- 商品別売上・粗利
- 新規開発先売上

企業の中には，たくさんの情報があるのではないでしょうか？

全社で管理されている指標や，部署別，またそのリーダーごとに固有のデータをもとにミーティングをされていたりしていることを現状分析で発見することがあります。

経営の情報を体系立てて整理できた状態

売　上	粗利益
固定費	利　益

重点得意先別売上・粗利	インストア・シェア	
新規開発先売上	口座開設件数	
見込客別開発進捗度	ランク別見込み客数	新規開発先販売寄与率
商品別売上・粗利	仕入先別仕入金額	
仕入高		
新規商品投入件数	新規商品販売寄与率	
新規商品開発進捗状況		
受注残高		
受注金額	営業マン別受注額	受注率

情報収集件数	来客数	HP受注金額	
広告量	広告反応率		
訪問回数	トップの営業回数	アフターケアの実施状況	顧客満足度 / クレーム数と内容
営業1人あたり粗利益額	社員1人あたり粗利益額		
当日見積レスポンス率	納期回答時間	在庫欠品率	返品金額
在庫金額	原因別在庫金額		
配送回数	誤配達率	配送あたり売上金額	社員のモラールサーベイ
メーカー直送率	突発配送回数		資格取得件数
得意先別総債権金額	未回収一覧	回収率	社員教育実施回数
業務内容別労働時間	社員別労働時間	社員の異動	

いかがでしょうか？

特に注意して見ていただきたいところですが，色つきの情報だけが会計情報です。

つまり試算表，決算書からの情報です。おわかりの通り，会計情報自体はすべて結果の情報です。結果の分析はできますがその原因となる行動分析まではチェックすることはできないのです。したがって，原因分析をするためには，様々な行動を示す情報が必要となります。

また，このように体系立てて資料を整理することも重要です。

■「儲けのコックピット」体系づくりの背景の考え方

・業績を4つの原因・結果の関係（①〜④）から一望できる指標で一表にまとめる
・結果をいくら議論しても解決はしない。原因を分析・管理しなければならない
・過去と他人は変えられない，変えられるのは未来と自分の行動だけ

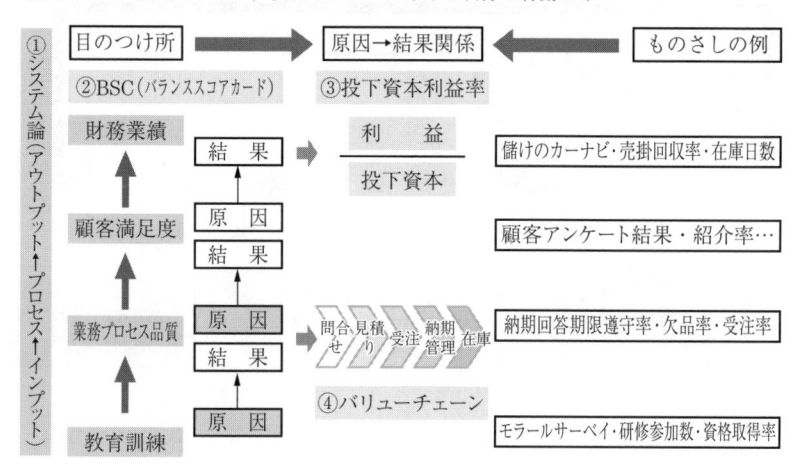

目のつけ所	原因→結果関係	ものさしの例

①システム論（アウトプット↑プロセス↑インプット）

②BSC（バランススコアカード）　③投下資本利益率

財務業績 ← 結果 ← 利益／投下資本 ← 儲けのカーナビ・売掛回収率・在庫日数

顧客満足度 ← 原因／結果 ← 顧客アンケート結果・紹介率…

業務プロセス品質 ← 原因／結果 ← 問合せ見積り・受注・納期管理・在庫 ← 納期回答期限遵守率・欠品率・受注率

④バリューチェーン

教育訓練 ← 原因 ← モラールサーベイ・研修参加数・資格取得率

ここでは，上記の図表のように

① 経営システム論
② 投資対リターンの考え方
③ バランススコアカードの考え方
④ バリューチェーン（業務プロセス）分析

という大きく4つの切り口で，業績に対する原因分析を進めています。

では，個別に考え方をもう少し考察してみましょう。

経営の結果には原因がある
① 経営はシステムである⇒そこから見るもの

企業の外部

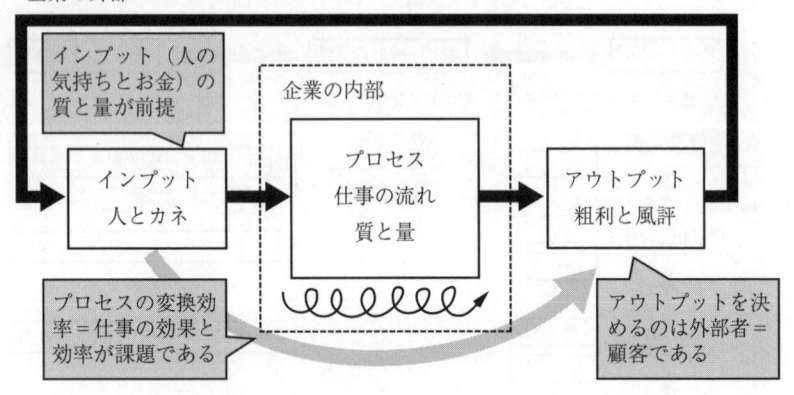

- インプット（人の気持ちとお金）の質と量が前提
- インプット 人とカネ
- 企業の内部
- プロセス 仕事の流れ 質と量
- アウトプット 粗利と風評
- プロセスの変換効率＝仕事の効果と効率が課題である
- アウトプットを決めるのは外部者＝顧客である

　人，もの，カネという資源を会社に投入しますが，ものはお金で買うことができますし，お金を調達するのは，人ですので結局インプットされるべき資源は，すべて『人』になります。その人が集まって，仕事をして成果であるアウトプットを期待するのです。

　すべての企業において，その成果を決めるのは，決して自社の人間ではなく，外部の人間であります。つまり顧客が決定者になり，限界利益＝粗利と風評＝評判という形で評価されることになります。

経営の結果には原因がある
② 儲けは投資に対するリターンで測る

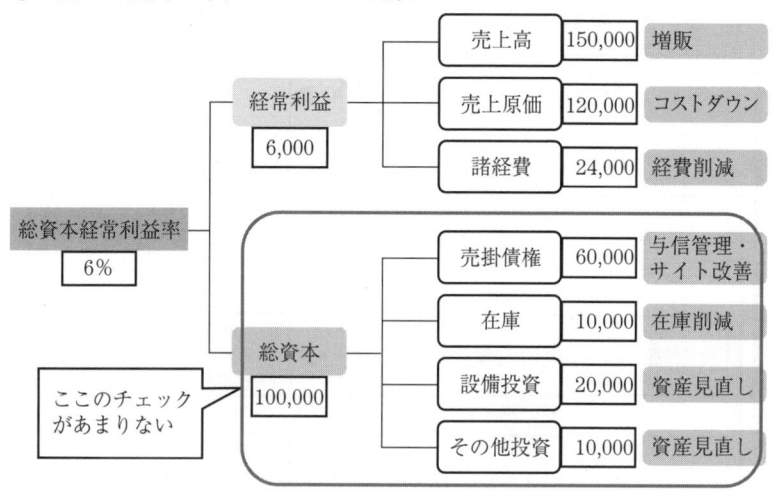

```
                          ┌─ 売上高    150,000   増販
              経常利益      │
              ┌─────────┼─ 売上原価  120,000   コストダウン
              │  6,000   │
              │          └─ 諸経費     24,000   経費削減
総資本経常利益率│
──────────────┤          ┌─ 売掛債権   60,000   与信管理・
     6%       │          │                      サイト改善
              │  総資本  │
              └─────────┼─ 在庫       10,000   在庫削減
  ここのチェック  100,000  │
  があまりない    │        ├─ 設備投資   20,000   資産見直し
                          │
                          └─ その他投資 10,000   資産見直し
```

　決算書分析の究極の指標は，総資本経常利益率です。

　また，おろそかになりがちなのは，貸借対照表の各項目の効率分析です。

　したがって，経営のコックピットでは，必ずバランスシートのチェック項目は入れておいてください。これからの時代は，低燃費で運営しなければ勝ち残れない競争社会です！　自動車業界と同じです。バランスシートの売掛債権，在庫，設備投資といった動力もこれからは変化するかもしれません。

経営の結果には原因がある
③ バランス・スコアカードの考え方

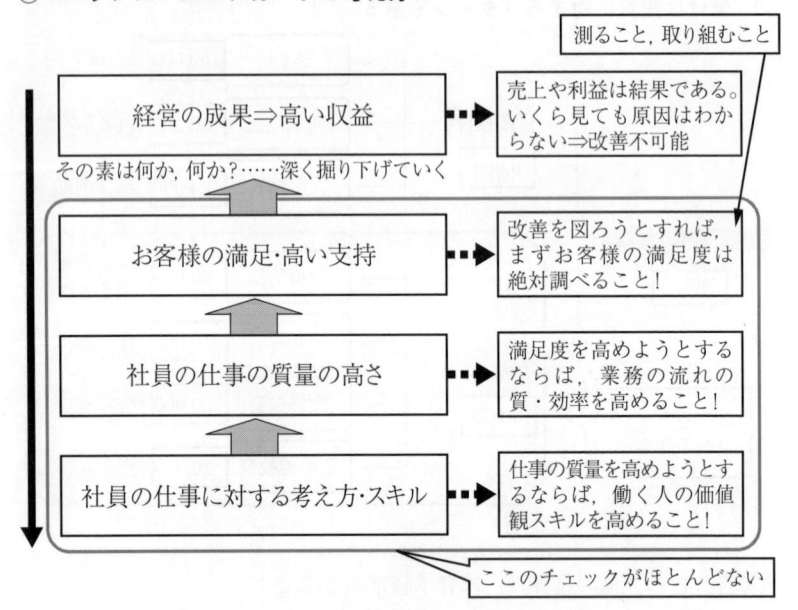

```
                                              測ること, 取り組むこと

        経営の成果⇒高い収益        →  売上や利益は結果である。
                                      いくら見ても原因はわか
                                      らない⇒改善不可能
   その素は何か, 何か？……深く掘り下げていく

        お客様の満足・高い支持      →  改善を図ろうとすれば,
                                      まずお客様の満足度は
                                      絶対調べること！

        社員の仕事の質量の高さ      →  満足度を高めようとする
                                      ならば, 業務の流れの
                                      質・効率を高めること！

     社員の仕事に対する考え方・スキル →  仕事の質量を高めようと
                                      するならば, 働く人の価値
                                      観スキルを高めること！

                                      ここのチェックがほとんどない
```

　バランススコアカード（BSC）は，1992年ハーバードビジネススクールのロバート・S・キャプラン教授とコンサルタント会社社長のデビット・P・ノートン氏により，「ハーバード・ビジネス・レビュー」誌上に新たな業績評価システムとして発表されました手法です。従来の財務分析による財務の視点（業績評価）に加えて，顧客の視点（お客様から見た企業価値），業務プロセスの視点（製品品質，業務内容の視点），成長と学習の視点（企業の持つアイデア，ノウハウ）を加味した評価を行うことで，企業を総合的に評価するものです。経営のコックピットにもこの思想は色濃く反映されています。

経営の結果には原因がある
④ バリューチェーンとしての業務プロセス

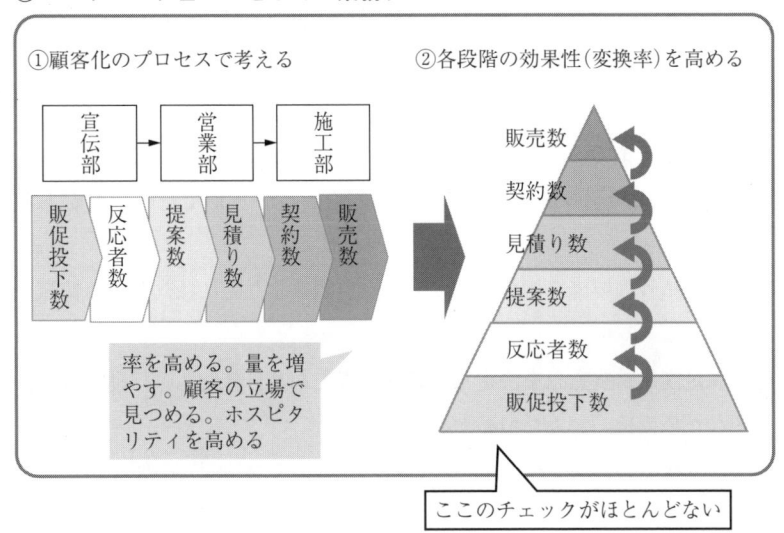

①顧客化のプロセスで考える　　②各段階の効果性(変換率)を高める

宣伝部 → 営業部 → 施工部

販促投下数　反応者数　提案数　見積り数　契約数　販売数

率を高める。量を増やす。顧客の立場で見つめる。ホスピタリティを高める

販売数
契約数
見積り数
提案数
反応者数
販促投下数

ここのチェックがほとんどない

　バランススコアカードの考え方の業務プロセスの視点を掘り下げたものとも言えますが，ここでは，お客様から見た会社の価値を連続したプロセスで分析し，わが社の行動量に問題があるのか？　それとも，質に問題があるのか？　質と量をきちんと分析し，明日から何をしなければいけないのか？　という質問に対する答えを用意するための考え方です。

■結果をいくら真剣に眺めてみても何も生まれません！
　　→原因をつかもう。
　経営者・管理者は，経営判断に必要な情報を収集しなければなりません。
　したがって，経理部門はその情報を提供できるように工夫しなければいけません。

　業績を決定している重要な原因要素は何なのか？

その分析・評価のために必要な情報は何なのか？
この2つを深く考えることが大切になります。

もう少しポイントを絞って考えてみますと……

・できるだけ先までの売上を予測するためには，どんな情報が必要なのか？
・ものごとの傾向をつかむためには，情報をどういう形で見る必要があるのか？
・重要な業績管理要素を細分化して異常点を調べるためには，どんな情報が必要なのか？
・顧客満足度・購買意思を決定している要素である自分たちの行動の質と量をつかむためには，どんな情報が必要なのか？
・顧客の評価やニーズをつかむためには，どのような情報が必要なのか？

では，具体的にどのような情報をもとに経営の意思決定をしているのかを考えてみましょう。

10 経理のプロになろう！

■経営の全体像『儲けのコックピット』の作り方【工務店事例】

| 経営のコックピット | | 年月 | 平成23年7月 | 何か月目 | 2 | | | | |

(単位；千円)

項目（BSC）	単位	目標値	期首残高	23年6月	23年7月	23年6月	実績累計	月平均	決算予測
1. 業績（完工ベース）									
完工売上	千円	37,500	—	17,799	61,923	43,000	172,821	43,205	122,722
粗利益	千円	9,000	—	3,790	13,080	8,600	25,782	6,446	25,470
粗利率	%	24.0	—	21.3	21.1	20.0	14.9	—	20.8
固定費	千円	6,000	—	2,023	5,899	5,500	20,179	5,045	13,422
経常利益	千円	3,000	—	1,767	7,181	3,100	5,603	1,401	12,048
売上予算	千円			37,500	37,500	32,500	145,000	36,250	107,500
予算とのギャップ	千円			−19,701	24,423	10,500	27,821	6,955	15,222
2. 営業活動の状況（網かけの数字は各段階のお客様のストック数，その他はその月の実績（フロー）の数字）である）									
完工件数	件数	2	—	1	0	3	5	1.25	4
	金額	30,000	—	20,000	0	43,000	90,000	22,500	63,000
上棟後仕掛工事件数残高	件数		4	5	8	0	—	—	—
	金額		56,000	72,000	127,000	2,000	—	—	—
上棟件数	件数	2	—	2	3	3	6	1.5	8
	金額	30,000	—	36,000	55,000	45,000	106,000	26,500	136,000
上棟前仕掛工事件数残高	件数			2	3	0	−1	—	—
	金額			36,000	55,000	0	−15,000	—	—
着工件数	件数	2	—	3	0	2	9	2.25	5
	金額	30,000	—	55,000	0	30,000	144,000	36,000	85,000
Cランク件数残高	件数		8	9	5		—	—	—
プラン提出件数	件数	5	—	5	2		8	2	7
初回訪問件数	件数		—	7	2		9	2.25	9
アポ取り件数	件数	5	—	4	2		13	3.25	6
アンケート回収件数	件数	15	—	15	20		75	18.75	35
再来場件数	件数	15	—	4	7		18	4.5	11
初回来場件数	件数	30	—	41	28		116	29	69
ちらし	件数	25	—	38	17		87	21.75	55
口コミ	件数	5	—	3	3		11	2.75	6
HP	件数		—	0	0		0	0	0
その他	件数		—	0	8	0	18	4.5	8
ちらし投下量	枚	50,000	—	80,000	50,000		190,000	47,500	130,000
3. 営業活動の効果性						0	0	0	
プラン提出率	%	100.0		71.4	100.0		88.9	—	—
初回訪問率	%	33.3		46.7	10.0		12.0	—	—
アンケート回収率	%	50.0		36.6	71.4		64.7	—	—
来場率	%	2.0		0.5	0.6		0.6	—	—
4. アフター活動の状況									
アフター実施件数	件数	2	—	1	1		8	2	—
クレーム処理件数	件数	1	—	0	0		3	0.75	—
5. CSの状況									
満足度アンケート回収件数	件数	2	—	0	0		0	—	—
営業大満足件数	件数	2	—	0	0		0	—	—
施工大満足件数	件数	2	—	0	0		0	—	—

■業績検討資料『儲けのコックピット』は個別の分析資料の集計表です。

ものさし	資料の例【製造・販売会社】
①儲けのコックピット	全体像
②P/L	部門別損益推移表
③売上・粗利	得意先／商品別売上・粗利推移表，店別売上推移表
④受注残	受注残推移表
⑤顧客満足度	顧客満足度調査結果推移
⑥重点顧客売上	重点顧客別取組状況
⑦新規顧客開発状況	新規開発取組状況，新規顧客開発実績
⑧生産状況	機械別稼働率推移表
⑨売掛金と回収状況	未回収一覧表，得意先別総債権推移表（債権金額順）
⑩在庫状況	品目別在庫金額推移表，原因別在庫一覧表
⑪人事の状況	職場別出勤率推移表，部署別人員推移表

・毎月の損益実績＋予測で決算予測する
・売上を内容別に捉える
・新規顧客開発状況をつかむ
・未来の売上予測内容
・顧客満足度をつかむ
・営業マンの訪問量をつかむ
・各業務プロセスにおける質と量を管理する
・顧客満足・不満足の指標を設定する
・在庫と売掛金で寝ているお金をチェックし，その原因をつかむ
・社員の業務時間の実態をつかむ
・社員の教育状況をつかむ
・社員の満足度をつかむ

10 経理のプロになろう！

平成22年6月度経営会議資料【経営のコックピット】(株)山田材木店

1. 経営実績報告書
2. 月次損益報告書
3. 重点得意先売上推移表
4. 戦略拡販先売上推移表
5. 仕入先別仕入高推移表
6. 新規開発活動管理表
7. 新規開発実績推移表
8. 総債権金額推移表

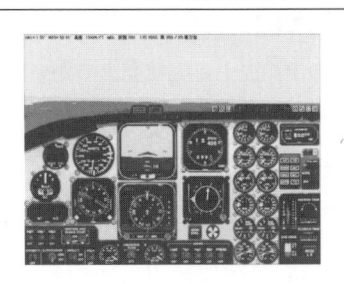

■未来予測資料をどう作るのか？

　営業プロセスで見積→受注→納期管理→納品もしくは施工というプロセスが発生する会社はある程度未来予測をすることができます。
　「いや〜うちの業界は特殊でね。発注いただくまでは全くわかりませんよ」とおっしゃる方も過去にいらっしゃいましたが，それこそ結果にしか焦点を当てずに，原因に焦点を当てていない証拠の発言です。

A社の事例　未来予測制度導入秘話

　実際に，私がコンサルティング業務をかけだしで始めていた10数年前に，当時の社長に，
　「社長！　売上の先行管理をしましょう！　来月の売上の見込みはどうですか？」
とお聞きしたところ，
　「そんなもんわかるわけないやろ！　わかったら苦労せんわい！」
と一蹴された記憶があります。
　「……。」と当時はそれ以上何も会話ができなかったです。

　それから10数年たった現在，その会社の現在の社長は，当時の社長のご子

息が立派に事業承継して，経営しておられます。

その会社での月初経営会議での会話の一部です。

【営業担当専務】

「先月の予測売上と実績売上のかい離は，A商品の予定納品ずれとB商品が急遽発生し弊社にご注文いただけた要因であります。

今月は，現在の受注状況は○○で，発生すると見込まれる案件情報は，△△でありまして，順調にいけば□□という見込売上になりそうです。

長期的には，お得意先C社のDプロジェクトに関連情報を整理して，弊社から提案できるものを検討しております。Dプロジェクトで△△万円の受注を目標に活動しています。」

社長さん曰く

「会長の時代は，まず今のように先行管理しなくても仕事はありましたもんね。

だから，仕事を先行管理する意味が理解できなかったということと必要がなかったのだと思います。私自身，そんな先のことを考えてどうするんだ？　と感じていましたから。

現実，5年前にわが社もお客様から厳しい指摘をいただき，危機感を感じてからやっとその意味を理解し考え出しました。いざ考え出すと，お客様が何を目標に活動しておられるのかということが大きなテーマになります。

短期的には，ここ数カ月担当者がどのような仕事を手掛けて，そしてどのような問題意識でその仕事に取り組まれるのか？　そして，ライバルはどのような動きをしているのか？　という情報をきちんと営業はつかんだ上で，活動をしなければいけません。

しかし，いきなりその質問やそのことだけを考えても部分最適になってしまいます。それを総合的に確認できる資料が売上の先行管理資料だと思います。

まず，全社で来月の売上目標が達成できるのか？　そして，営業所別でどうなのか？　得意先別でどうなっているのか？　を確認した後に，各得意先の担当者の情報を確認します。つまり，**情報量とその内容である質のチェックです。**

いいところは，わが社の財産として蓄積しそして共有しますし，**できていないことは営業自身が真摯に受けとめ行動変革しなければいけません。**

ということで，このように営業の行動管理をする上で，この売上予測，受注管理，そして新情報管理は今では欠かせない経営指標の１つです」

受注残・見積り残・情報残一覧表

現場名	会社名	区分	合計	内訳							月度			
				PC	羽柄	ボード	建具	内装	SK	SB	他	9月	10月	11月	12月～
秋山邸	葛西工務店	受注	500	100	100			100	100		100	250	250		
井上邸	中野建設	受注	400	100	100	50	50			50	50		400		
上田邸	財部住販	見積	600	150	150	50			130	80	40	400	100	100	
江藤邸	楽生ホーム	見積	200					100			100	200			
大西邸	間部住建	情報	250		90	30	50	80				150	100		
川田邸	葛西工務店	情報	300	100	100	30			40	30				200	100
岸辺邸	近畿ハウス	受注	350	120	120	100					10				350
黒田邸	近畿ハウス	受注	150			70		80					150		
情報合計			3,200	1,200	600	300	200	400	300	100	100	200	700	1,400	900
見積合計			1,800	400	200	200	100		400	200	300	800	300	400	300
受注合計			4,300	1,400	800	400	100	500	600	300	200	2,200	1,100	700	300
合　計			9,300	3,000	1,600	900	400	900	1,300	600	600	3,200	2,100	2,500	1,500

B社の事例　翌月営業目標達成できる営業マンの条件

住宅資材の卸売業を営むB社では，この資料を考えるときにある仮説をたてました。それは，その月が始まる時点で営業マンがどれだけの当月納品受注残高があればその月の目標が達成できるのでしょうか？　という問いかけから始まりました。

当月納品の受注残高は，順調にことが進めば当月納品が完了して売上計上できる金額となりますが，納期が翌月にずれ込む場合もあれば，当社から発注して欠品の場合は，受注の取り消しになるリスクもまだ潜んでいます。
一方，その日に急にお客様から，
「この商品持ってきて！」と言われる注文もあります。これを日売りと呼んでおられました。

そんなことを議論しながらまとまった**目標達成営業マンの条件**は，
① 月末時点での来月売上目標の70％が来月納品受注残高確保
② 月末時点で売上目標の3倍の見積残高確保
③ S・A店訪問目標回数の達成
この状態を達成できている営業マンは，翌月の売上も近未来の売上も達成できる素晴らしい営業マンになるだろうという仮説です。

実際にこの状態を保てている営業マンの割合を確認しますと，10％〜20％の推移です。しかも，面白いことにその達成者はすべてプレイングマネージャーでした。

その話になると長くなりますので，ここでは資料の役立ちの話ですので話を戻しますと，このような仮説のもとで，各営業所からの情報をもとに，経理部で各営業所別の資料を集計して会議資料を作成していただいています。

なかなか，目標達成できる営業マンはいないのですが，確実に営業マン自身が**「受注残70％確保営業マンになりたい」**という声が聞こえてくるようになっています。わかりやすい，目に見える目標があってこそ，本人の意識が覚醒して行動を起こすのでしょう。とてもいいことだと思います。

そこで，会議中にもおもしろいエピソードがあったのでご紹介しておきます。
　この資料に基づいて，各営業所長が発表された後，いつもこの資料をとりまとめてくれている経理部のBさんが，発言されました。
　「C営業所さんに質問です。S・A店の訪問回数は目標達成していると発表され，見積情報残高もまずまずだと思いますが，先日少し確認させていただきますと，見積情報残高に掲載されている案件でもう失注になっている物件がありました。毎週のミーティングで確認されているとのことですが，本当の意味での確認そしてチェックが行われているのか疑問です。」
とズバッと切り込んでいきました！

　この発言を受けて，C所長さんは，
　「申し訳ない。まだ確認不足な点もありますので……
　B君の言う通りです。そのような指摘は私が部下にしなければいけないですね」

　私は，拍手を送りました。Bさんは，とても物静かな男性経理社員です。そんなBさんがなぜ，営業所長のCさんに的を射た発言ができたのでしょうか？

　Bさんにお聞きすると
　「だって，**資料の改善や資料からの気づきを発言するのは私たちの役割**です。
　それと，明確な3つの目標指標がありますので，その関連性を考えますと，訪問がキチンとできていれば，見積りはもらえるのでしょう。訪問して，見積

りがもらえないのは、お客さんに仕事がないのか、その営業さんが他社に負けているかということでしょ。そのポイントで、資料をチェックしていると、おかしいと思ったのでお話しただけです。」

なかなか鋭い指摘ですね。これから先のBさんの経理部での活躍は期待大です！

■プロセスと行動の情報とはどのような資料か？
新規得意先開発取組状況管理表

・現在のプロセスを位置づけさせる
・現状での見込みを明確にさせる
・取組みの結果と、今月の方針を宣言させる

会社名	会社の概要				先方のニーズ	開発プロセス						ランク	見込	取組状況				見定め
	・・	・・	・・	・・	・・・・	アポ	面談	宿題	提案	交渉	契約			7月	8月	前月	今月の宣言	
A商事	・・	・・	・・	・・	・・・・	○	○	○	○	○		L3	?	・・・・	・・・・	・・・・	・・・・	
B産業	・・	・・	・・	・・	・・・・	○	○	○	○	○	○	L4	◎	・・・・	・・・・	・・・・	・・・・	
C建設	・・	・・	・・	・・	・・・・	○	○	○				L2	○					
D工業	・・	・・	・・	・・	・・・・	○	○	○	○			L3	○					
E	・・	・・	・・	・・	・・・・	○	○	○	○			L2	△	・・・・				
F	・・	・・	・・	・・	・・・・	○	○	○	○	○		L4	◎					
G電工	・・	・・	・・	・・	・・・・	○	○					L1	?	・・・・				
H	・・	・・	・・	・・	・・・・	○						L1	?					
I化学	・・	・・	・・	・・	・・・・	○						L1	○			・・・・		

この場合ですと、新規得意先開発つまり新規得意先との契約締結という達成

状態がありますが，そこにいたるまでのプロセスと実際行う行動とを見える化しようとする資料です。

新規開発の開発状況の会話です。

【上司】「新規開発は，順調か？」

【部下】「いや～厳しいです……。2，3件はあたりがあるのですが……。」

【上司】「その2，3件はどんなところ？」

【部下】「まあまあのところです。名前は……。ちょっと忘れましたけど……。」

【上司】「そうか，まあまあのところやったら頑張れよ！」

【部下】「はい！」

資料を使っての会話

【上司】「進捗管理表持ってきて，報告してよ！」

【部下】「はい。A商事さんに訪問していまして，交渉段階に入っています。来期はA商事自体の受注状況がいいみたいで，うまく入り込めると売上が見込めると思います。」

【上司】「その受注状況の情報は正しいのか？」

【部下】「はい。A商事のライバルのわが社の得意先のE社の社長が，最近A

商事が元気でシェアを拡大していると聞きました」

【上司】「そうか,あのE社長の情報は正しいだろう。それで攻略上の課題は?」

【部下】「資料にも書いていますが,来月のAさんの物件で欠品商品がでているらしいのですが,そこを何とかうちの会社で解決して突破口としたいのですが,協力していただけませんか?」

【上司】「わかった! それなら任せておけ。私も同行するからA社の社長とアポイント頼むぞ!」

というように契約までのプロセスを明確にして管理するためには,やはり資料が必要です。**その資料を書くことが目的になってはいけませんが,口頭だけの会話では,話が具体的に進まず行動につながりません。**

10-2 過去と他人は変えられない! 未来と自分の行動を変えよう!

・あなたはお客さんの態度を変えることができますか?
・あなたは社内のメンバーの態度を変えることができますか?

10 経理のプロになろう！

⬇

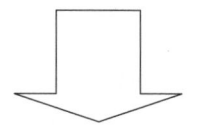

答え：**できません！** ⇒できることは……

- あなたの行動が，お客さんの態度そして社内のメンバーの態度を変える結果となる。

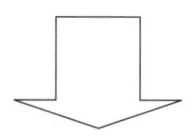

⬇

そのために必要なことは，

- 結果を振り返り，気づき，手を打つ行動をしていくことです。
- そのためにも，社内のメンバーが結果を振り返りやすい資料作り，気づきを得やすい資料作りを実践することが経理部であるあなたの使命です。

11 会計事務所の活用法！

　会計事務所，つまり税理士さんの活用法について考えたいと思います。紹介実績が10,000件を超えている日本税理士紹介センターがあげている税理士に対する不満は，
「ぜんぜん，相談に乗ってくれない」
「聞かないと何も教えてくれない」
「税務調査で申告漏れが発覚し追加税額を支払った」です。
　したがって単純に考えればこの不満要因の反対が満足要因となりますので，
「積極的に，相談に乗ってくれる」
「定期的に良質な情報をくれる」
「税務調査でも問題がない」という結果であれば企業にとって，会計事務所に価値を感じているということになります。
　税理士は，税理士法によって使命と責任を与えられています。その業務は，税務の専門家としての責任に関するもので，このことを「税務代理」と言われています。従って，会計処理をして決算書を作ることを指導したり手伝ったりして，最終的に税務申告という法律行為を代理することが税理士本来の仕事です。この税理士の責任のもっとも象徴的なサービスが，「税理士法33条の2書面添付制度」というものです。
　税理士が，納税者から相談を受け指導し，審査確認をした事項を記載した特定の書面の添付を行った場合は，税務署は税務調査の事前通知前に税理士の意見を徴収し，特に問題がない時は調査をしない旨の通知を受け取り，それで完了です。この制度では，税理士が納税者である企業の実態を熟知し，税務署からの質問に答えなければ，税務調査の省略は起こりえません。従って，「税理士法33条の2書面添付制度」を利用し，税務調査の省略ができるということが，税理士として，法律上の責任を果たせたという状態に近いといえます。しかし，

これはあくまでも法律上の問題であって、企業のニーズは法律問題だけではありません。そのような背景と私の今までの経験から会計事務所を活用するポイントとして大きく3つあげることができます。

①ネットワークの情報源として
②専門家として
③徹底的に質問する　　の3つです。

それでは順番に確認していきましょう。

① **ネットワークの情報源として**

　中小企業が毎月、顧問料と称して支払っている先は、会計事務所が一番多いのではないでしょうか？弁護士事務所、社会保険労務士事務所に支払われている場合もありますが、私が知る限り、税理士業務に対する顧問料が一番多いと思います。では、毎月会計事務所に支払いの対価として企業が得るものとは何でしょうか？つまり、顧問契約の範囲ということですね。

　記帳代行、決算書作成、税務申告書作成、税務相談等々とこれも、会社とその会計事務所によって、バラバラです。実際に、皆さんの会社の社長に「会計事務所の価値とは何ですか？」と質問してみてください。どのような答えが返ってくるでしょうか？実際に、お知り合いになった企業の社長に同じ質問をさせていただくことがあります。すると、「価値は、申告書を作ってくれること」「会計事務所の価値はよくわかりません。もう期待していませんから・・・・」と答えられた方がいらっしゃいました。私たち会計人にとってはとても、残念な結果です。

　また、私が新入社員の時からお付き合いさせて頂いている企業経営者は、いつもこうおっしゃいます。「税理士は、町医者にならなければいけないんだよ！君もよく理解しておくのだ！私たち企業の健康状態について数字を通じて、絶えず健康診断をしていて欲しいのだ。そして、問題があれば即座に言って欲しい。町医者だから、大規模な手術をして欲しいと言っているわけではないの

だ。内臓に異常があるようだったら，その道の名医を紹介してくれたらいいのだ。町医者は，付き合いが長く，たくさんの情報を持っているので，色んな相談に乗ってくれる。税理士もそうでなきゃダメだ！」私が新入社員だった当時から，この言葉は変わりません。私自身，お客様のビジネス上の町医者的存在になりたいと思っています。

　ここでお伝えしたいことは，会計事務所を中小企業の町医者として利用してほしいということです。会計事務所は，異業種のお客様の決算書を通じてその実態を把握していますので，さまざまな経験を通じて問題解決策を知っているはずです。例えば，住宅販売の企業のお客様から，住宅の品質についてクレームを受け訴訟に発展しそうだと相談を受ければ，弁護士を紹介するということが想定されます。また日常業務でも，住宅販売会社では不動産登記手続きがありますので，司法書士さんとの連携が必要になります。従って，企業活動で問題が生じたとき，新たなことにチャレンジするときには，会計事務所を問題解決や新規事業発展のための窓口として利用しましょう。考えられるネットワークとして，弁護士，弁理士，司法書士，不動産鑑定士，社労士，行政書士，ファイナンシャルプランナー（FP），損害保険・生命保険代理店，企業再生コンサルタント，資金調達コンサルタント，金融機関，マーケティングコンサルタント，生産管理・工場改善コンサルタント，情報システム会社，人材採用コンサルタント，M＆Aアドバイザー，経費削減コンサルタント等々が考えられます。結局は，会計事務所は「よろず相談所」となっているのでしょうね。もちろん，会計事務所が解決できる分野は限られていると思いますが，会計事務所のネットワークであるパートナーが皆さんの企業のパートナーとなってくれるはずです。

② 専門家として

　「餅は餅屋」という言葉があります。『広辞苑』では、「物事にはそれぞれの専門家がある」と記載されており「餅屋は餅屋」とも言われます。見た目は同じ餅でも、餅屋さんがついた餅が一番おいしいという例えばなしです。では、会計事務所の役割とは何か？ということになります。それは、「管理情報体系のサポーター」ではないでしょうか？この考え方のベースとなるアイデアは、ドラッカーの「小企業の経営に必要な3要素」です。それは、1. 戦略、2. トップのしごとへの専念、3. 管理情報体系の3つです。話は少しそれますが、少しこのことに触れたいと思います。

　1. 戦略とは、要するに住む池を決めてその中で一番強いお魚になることです。それが競争優位を生んで、キャッシュフローを高め、企業価値を高めることになるのです。そこで経営環境を考えると、それは需要のありかと行方、その製品のバリューチェーン、そして競争環境をマップにします。その中で、他社との競争優位性と顧客の問題解決支援を求めてわが社のビジネスモデル・基幹業務プロセスを考えることです。その上で、SWOT分析でわが社の強み・弱み、環境における機会・脅威について頭の整理をして戦略と課題をまとめていくと、戦略のテーマはマーケティング、イノベーション、生産性、人材、マネジメントの5つになります。そして、戦略の中心課題はほとんどマーケティングの問題ですから、マーケティングの戦略をしっかりと決めていきます。細かなことは省きますが、なんといってもマーケティングの中心課題はブランディングでしょう。わが社の製品・サービスしいては名前・存在をブランド化するのであります。これには周到で全員を巻き込んだ活動が必要となります。

　2. トップの仕事への専念。つまり社長は、トップのしごとに専念しなさいということです。ささいな仕事をしている暇はありません。社長の仕事とは何か、その定義ははたくさんありますが、ヘンリー・ミンツバーグの『マネジャーの10の役割』という考え方を紹介します。それは次のような道筋から考え

られています。「トップゆえに権限があり人と関わる，そこから貴重な情報が得られる，だから意思決定という役割が生まれる」という流れです。つまり，経営者の役割は

・対人関係の役割　組織を公式に預かる人だから，権限と肩書きにより特別の職位が生じる。

・情報伝達の役割　上記の役割が情報入手の特別な地位に置く，結果経営者は組織情報の中枢となる。

・意思決定の役割　情報中枢と特別な地位と権限は経営者を意思決定の中心にする。という3つに分類されます。

3. 小企業の経営に必要なことのベスト3に入っている「管理情報体系」について得意としているのは会計事務所です。

「小企業が経営管理されるために最も必要とする経営数値は，月次決算が提供する数字ではない。会社の現在の状態に関する数値，予測される将来発展の鍵となる経営資源の配置状況であり，どちらも機会を確認しリスクから身を守るためのものである。」（ピーター・ドラッカー）

これは特に強調したいですね。数字がなくて経営ができるか！数字のない野球，数字のないダイエット，数字のない旅行…すべてありえない。それと同じです。そしてその数字とはこうなりましたという数字だけではなく，われわれがしたこと，その効果性がわかるものでなければならないですね。

経理部の使命として「管理情報体系」を構築するということは，第10章で確認したとおりです。従って，この経理部の使命をサポートするのが会計事務所の役割とイコールになるべきです。

前述のとおり，会計事務所はたくさんの会社の情報を持っています。その情報の中から，皆さんの会社の「管理情報体系」に必要な情報をもとに相談すべきだと思います。間違っても，会計事務所に帳面を付けてもらう等の作業を依頼するようなことは止めましょう。経理処理は作業です。作業は，専門家の仕事ではありません！作業に顧問料を支払うことほどもったいないことはないと

思います。従って，会計事務所のスタッフには，どんどん質問して下さい！
決算書の内容ですと，

「同業平均値と比べて良い点と悪い点を教えてください。」
「自社の改善方法として，どのようなことが考えられますか？」
「銀行の要求水準はどのようなものですか？」

というような内容をもとに専門家としての意見を求めましょう。その場で即答できなくても，必ず調べて応えてくれるはずです。

くり返しになりますが，会計事務所は「管理情報体系」の構築アドバイザーとしてぜひとも活躍して下さい。

③ 徹底的に質問する。

会計事務所の活用方法のポイントは，上記①②に記載したとおりです。ここでは，会計事務所を活用する姿勢についてお話ししたいと思います。先ほど記載したとおり，専門家として質問することは，利用者としてとても価値あることなのです。一方，会計事務所としても質問をしていただけることは，とても価値あることなのです。なぜなら，お客様からの質問が多い項目は，お客様の立場から注目度が高いという項目になりますので，その他のお客様にも案内しなければいけない項目と変化していきます。例えば，「試験研究費の税額控除制度がより有利になったの？」という質問がたくさんいただけると，私たちは，「税額控除制度はやはりお客さまも興味をお持ちなのだ」というお客様の声から認識することができるのです。従って，お客様から質問をいただくことは，とてもありがたいことなのです。

もちろん，私たちがあまり専門的でないことを質問していただくことも価値

あることなのです。例えば、「新製品開発について、助成金があると聞いたのですが？」という質問をいただくと、自分で調べる若しくは、社会保険労務士の先生に確認してもらうという行動に移します。どちらにせよ、お客様が必要な情報をお届けするということになりますので、その質問によって、お客様と私たち会計事務所の視野が広がるのです。

従って、皆さんは質問すればするほど、お互いの得るものが増えるのです。遠慮することは全く必要ありません。どんどん聞いて、お互いの価値をあげていくことをお勧めします。会計事務所の方々も質問は歓迎するはずです！

最後に、私たちの事務所が目指しているサービスをご紹介させて頂きたいと思います。
「会社サイドに立った的確な税務判断・アドバイスができる」
1. 早く正確な月次決算が出るしくみを作る指導ができる。
2. ロス・ミス・不正が出ない管理のしくみを作る指導ができる。
3. 儲かる方法・対策をいっしょに考えることができる。
4. 人事制度の構築など具体的なコンサルのノウハウがある。
5. 経営計画の策定と会議を通じた実行の指導ができる。
6. 必要な時に必要な専門家を紹介できる。
7. 適切な事業承継対策の指導ができる。
8. 経営の相談相手、メンターとして頼りになる。

（Mentor＝賢明な人、信頼のおける助言者、師匠などで、一般には「成熟した年長者」）

9. 経営幹部の人材育成ができる。

以上の９つが私たちが目指すべきサービス内容です。

補 どうして確定決算期は忙しいの？？

【Aさん】 確定決算期には山ほどしなくてはいけない事があるので，残業続きになるのは当り前ですよ！！
　　　　だって，いつもやっている日常業務以外にまだまだ追加の仕事があるんですから。
　　　　他の会社でもそういうものでしょ？

【 私 】 そうですね～。もちろん，いつもの業務以外の仕事があるので，仕事量でいうと多いのは事実ですが，思ったほど残業せずに，決算期を乗り越えておられる会社もたくさんありますよ。

【Aさん】 そうなんですね。私は決算というと「あ～また残業が増える…」と憂鬱になるんですが，他の会社もそんなものだろうと思って，仕方ないと思っていたんですが…。
　　　　ぜひ，うまく決算業務を進めておられる方の事例を教えていただきたいです。

【 私 】 それでは，どういうところに改善できるところがあるか，ご紹介させていただきますね。

確定決算期の経理部を見てみると…とても忙しそうで，毎日残業ということをよく聞きます。みなさん，それが当たり前になっていませんか？

なぜ，確定決算作業に時間がとられるのでしょうか？

ある会社の確定決算の流れと内容をヒアリングし，どの項目にどれくらいの時間がかかっているかを調査してみたところ，次のような結果でした。

【A社の決算業務改善事例】

No.	項　　目	内　　容	時　間
1	総勘定元帳の仮締め	各勘定科目の内容をチェックし，補助簿と突合して帳簿を仮締めする	1
2	売掛金や買掛金など帳端処理	売上や仕入，費用など締め日後の金額を確定する	5
3	残高証明書等による外部証明書と残高照合	①預金 　⇒銀行残高証明書にて照合 　※当座未処理分チェック ②有価証券 　⇒所有数量照合 　※時価をチェック ③取引先残高照合 　※売掛，買掛違算チェック ④借入金 　⇒金融機関残高証明書，借入返済予定表にて照合 ⑤保険積立 　⇒保険会社処理案内等にて照合 ⑥中小企業退職金共済 　⇒残高明細書にてチェック	2
4	違算処理	3で帳簿との間に残高に違算がある場合は，内容確認の上，違算処理を行う	6
5	仮勘定整理	①仮払金，立替金　整理 ②未収収益，未払費用，前受収益，前払費用の整理 ③預り金　チェック	6

6	固定資産台帳チェックと減価償却費計算 ※特別償却対象資産の確認	期中購入，処分の出入りチェックをし，確定減価償却費を計算する ※税額控除と特別償却の検討	3
7	引当金，準備金計算	貸倒引当金や特別償却準備金などの計算	3
8	棚卸計算	帳簿棚卸と実地棚卸の違算チェックをした上で，棚卸確定額を計算	5
9	消費税額計算	消費税処理の誤りがないかチェックし，消費税額を算出し，申告書を作成する ※税理士に依頼することが多い	2
10	決算整理仕訳処理 ※試算表の第1次締め切り	1～6を記載して決算整理仕訳一覧表に基づいて仕訳処理し，試算表を作成する	2
11	各種特例を受けるための資料準備	各種特例（試験研究費の税額控除や中小企業機械取得等の税額控除など）を受けるための資料作成をする	3
12	法人税額計算	法人税額を算出し，申告書を作成する ※税理士に依頼することが多い	2
13	決算整理仕訳処理 ※試算表と総勘定元帳の確定締め切り	法人税額を仕訳処理し，確定試算表を作成する	1
14	決算書と勘定科目内訳明細書作成	決算書（貸借対照表，損益計算書，製造原価報告書，株主資本等変動損益計算書，個別注記表）を作成する 勘定科目内訳書を作成する	5
	確定決算にかかる時間合計		46

なんと，決算業務に約6日間（1日8時間として）追加で仕事をしなければならなかったのです！！

　これらの業務は，毎月の月次決算業務とは別に，しかも限られた期間内(決算日から2か月以内／特例で3か月以内もある)に行うことになるので，決算時期が集中的に忙しくなり，残業が多くなってしまうようです。

　しかし，これらの業務が本当に確定決算時期だけに行うべき作業ばかりでしょうか？もちろん，確定決算時期だけに特有の作業があるのでいつもより忙しくなることはあると思います。しかし，毎月の業務に組み込んでおけば，簡略化できる業務もたくさんあります。

　その改善事例が次の通りです。

【A社の決算業務改善事例】

No.	項　　目	内　　容	時　間
1	買掛金帳端処理	仕入先に対して，当社の締めに合わせてもらう ⇒すぐには無理かもしれないが，時間短縮効果大です ※もしも合わせてもらえないのであれば，仮締め明細などを送付してもらう	△3
2	違算処理	特に，売掛金や買掛金については，毎月違算を確認し，随時違算処理をしておく ⇒遡って調べる必要がない ⇒取引先からもしっかりした会社だと認識されるというメリットあり	△3
3	仮勘定整理	毎月仮勘定は残さないということを原則とし，どうしても残ってしまった場合は期限を決めて，その都度処理し，整理しておく	△4
4	固定資産台帳チェック	固定資産台帳はまとめて処理するのではなく，随時更新し，毎月の試算表残高と合わせておくまた，特別償却の対象資産については，納品書等を別にファイリングしておく	△2

5	決算整理仕訳	決算整理仕訳はできる限り少なくする 毎年行うものは，決算整理仕訳表に記載しておき，追加分は月次ベースで処理できるようにして，次の年の決算整理仕訳に入らない工夫を検討する ※理想は10仕訳以内	△1
6	各種特例用資料準備	決算で使うものは毎月ファイリングしておく ※税理士に何が必要か確認しておく	△3
	改善により削減できた時間		△16

なんと，16時間（2日間）も改善できました。

経理担当者の方も，これまで前任者がやっていた通りの方法で決算処理をしていたので，確定決算といえば残業が当り前と思っていたけれど，少しやり方を変えてみるだけで，こんなに効果がでるものなんだな…とおっしゃっていました。

「その事例会社はきっと特別だ…」「うちの会社は少し他社とは違うから…」「うちの会社の取引高は大きいから…」ということを考える方がいるかもしれません。

しかし，これからのやり方を見直して，何か一つでも変えてみると必ず効果が出るはずです。

ぜひとも，みなさんも確定決算業務の見直しを行ってみてください。

あとがき

　最後まで読んでいただき本当にありがとうございました。
　みなさんのそれぞれのお立場でお役に立つ情報はありましたでしょうか？
　この本に記載させていただいたフォーマット類のお問い合わせは，メールにてご遠慮なくお問い合わせください。無償で提供させていただきます。
　　e-mail　postmaster@management-facilitation.com

　業績のいい会社には，攻めの強み（営業もしくはサービス）と守りの強みが必ず存在します。その守りの強みこそが経理部の存在です。
　その視点から，経理・管理の現場でクライアントと取り組んだ事例を交えてお話を進めてきました。

　ここでいう守りは，コスト管理や資産管理といった金銭面にとどまらず，精神的な面でも経理部は守りの砦であって欲しいと思います。
　営業部・製造部に元気がない時は，元気づけてあげてください！
　明るくそして厳しく接するようにして欲しいと思います。

　余談になりますが，私の仕事に対する取組姿勢は，『明るく，そして厳しく』というモットーで取り組んでいます。まず，何事も明るく元気に取り組む！しかし，楽観的に明るく元気に実行するだけでは，いい成果は得られません。そこで，厳しい目で事実を見つめ，そして自分自身の行動を見つめ直さなければ，何事も目標は達成されないと思っているからです。明日からの行動変革のご参考にしていただければ幸いです。

　また，本書の執筆には，たくさんの人々に支えられました。
　監修も引き受けてくださり，私たちの師匠であります小笠原士郎先生。大学

卒業後に，右も左もわからない社会人として入社した私たちを気長に育ててくださいました。

　株式会社ヒューマンプロデュース・ジャパンの茅切様にはこの本の執筆に関して，多大なご尽力をいただきました。本当にありがとうございました。

　そして，税理士法人小笠原事務所のメンバーのみんな。みんなの協力体制があるから，私たちも仕事に専念できるのです。この場を借りてお礼を言わせてください。

　最後に，この本をお読みいただいたあなたへ
「人一能レ之　己百レ之」
　人一たびにしてこれを能くすれば，己はこれを百たびす。
　という言葉が中国古典『中庸』にあります。
　人が1回でできたことでも，いまできない自分でも100回チャレンジすればできるようになる。こういった心意気で絶対にあきらめずに何度でもチャレンジし続ければ必ず達成できるという意味の言葉です。

　強い経理部にするために，いろんなことにチャレンジしてください！
　100回チャレンジしてダメだったときに，立ち止まって考えてください。
　必ず，成功への道は開けるはずです。
　あなたの経理部での活躍を心よりお祈り申し上げます。

　平成25年6月

才木正之・細谷匡子

監修者・著者紹介

小笠原　士郎（おがさはら　しろう）
【御堂筋税理士法人　代表社員／㈱経営エンジン研究所代表取締役】
大阪大学経済学部卒業後、㈱クボタ、会計事務所勤務を経て、平成3年会計事務所開業。財務管理をバックボーンに、経営計画の推進、起業変革、後継者・管理者の育成を中心にコンサルティングやセミナーなど幅広く活動。『儲かり続ける会社作り』の実践指導には定評がある。そのセミナーはわかりやすい解説と、経営感覚に満ちた明快な切り口で高く評価され信者も多い。東京や大阪商工会議所、SMBCや三菱UFJ、りそななどメガバンク系や大手企業の講演多数。大阪産業創造館、『なにわあきんど塾』のメイン講師も務める。

才木　正之（さいき　まさゆき）
【御堂筋税理士法人　社員税理士／㈱経営エンジン研究所専務取締役】
大阪府立大学経済学部経済学科卒業後、平成6年税理士小笠原士郎事務所（現：御堂筋税理士法人）入所。財務管理をバックボーンに、経営計画の策定から実行管理、企業変革、会議指導を中心としたコンサルティング業務を行い、成果を上げる。特に若手経営者との取り組みでは、世代も近く外部ブレーンとして高い評価を受けている。またセミナーでは、商工会議所・メガバンク・各種団体・住宅資材メーカーなどの講演で、ユーモアあふれる講義スタイルとわかり易い語り口に定評がある。

細谷　匡子（ほそたに　まさこ）
【御堂筋税理士法人　社員税理士／㈱経営エンジン研究所常務取締役】
大阪府立大学経済学部経済学科前期博士課程卒業後、平成7年税理士小笠原士郎事務所（現：御堂筋税理士法人）入所。企業の経理・財務・税務指導のほか、各種セミナー講師、企業の学習組織作りのコーディネーターとして活動。経営のために必要なスキル、コミュニケーション、コーチング、ファシリテーション、リーダーシップなどの研修、社員の人材育成支援活動を中心に、全員が経営の試行錯誤から学び続け、成長していく組織作りのためのしくみを提供している。

監修者・著者との契約により検印省略

平成25年7月1日 初版第1刷発行

経理の仕事が
どんどん面白くなる本

監修者	小笠原　士郎
著　者	才木　正之
	細谷　匡子
発行者	大坪　嘉春
製版所	美研プリンティング株式会社
表紙デザイン	株式会社ノティオ
印刷所	税経印刷株式会社
製本所	株式会社三森製本所

発行所　東京都新宿区下落合2丁目5番13号　株式会社 税務経理協会
郵便番号 161-0033　振替 00190-2-187408　電話 (03) 3953-3301 (編集部)
FAX (03) 3565-3391　　　　　　　　　　　(03) 3953-3325 (営業部)
URL　http://www.zeikei.co.jp
乱丁・落丁の場合はお取替えいたします。

Ⓒ　小笠原　士郎・才木　正之・細谷　匡子 2013　　Printed in Japan

本書を無断で複写複製（コピー）することは，著作権法上の例外を除き，禁じられています。本書をコピーされる場合は，事前に日本複写権センター（JRRC）の許諾を受けてください。
JRRC〈http://www.jrrc.or.jp　eメール：info@jrrc.or.jp　電話：03-3401-2382〉

ISBN978-4-419-06029-9 C3063